威廉·詹姆士哲学论文集

〔美〕威廉·詹姆士 著
邱 娟 吴杨义 译

北京理工大学出版社
BEIJING INSTITUTE OF TECHNOLOGY PRESS

版权专有　侵权必究

图书在版编目（CIP）数据

威廉·詹姆士哲学论文集 /（美）威廉·詹姆士著；邱娟，吴杨义译 . -- 北京：北京理工大学出版社，2021.7

ISBN 978-7-5763-0190-8

Ⅰ.①威… Ⅱ.①威… ②邱… ③吴… Ⅲ.①威廉·詹姆士—哲学思想—文集 Ⅳ.① B712.4-53

中国版本图书馆 CIP 数据核字（2021）第 185229 号

出版发行 / 北京理工大学出版社有限责任公司	
社　　址 / 北京市海淀区中关村南大街5号	
邮　　编 / 100081	
电　　话 /（010）68914775（总编室）	
（010）82562903（教材售后服务热线）	
（010）68944723（其他图书服务热线）	
网　　址 / http://www.bitpress.com.cn	
经　　销 / 全国各地新华书店	
印　　刷 / 三河市华骏印务包装有限公司	
开　　本 / 710毫米×1000毫米　1 / 16	
印　　张 / 11.5	责任编辑 / 王俊洁
字　　数 / 165千字	文案编辑 / 王俊洁
版　　次 / 2021年7月第1版　2021年7月第1次印刷	责任校对 / 周瑞红
定　　价 / 84.00元	责任印制 / 施胜娟

图书出现印装质量问题，请拨打售后服务热线，本社负责调换

导　语

王成兵[①]

威廉·詹姆士（也译为詹姆斯）（William James，1842—1910）是美国实用主义的主要代表、著名的心理学家。詹姆士在美国哲学乃至整个现代西方哲学中都有不可忽视的地位。本导语力图对詹姆士哲学的角色定位、在当代学术语境中研究詹姆士哲学的意义以及研究詹姆士哲学的路径等进行简单的介绍，希望帮助读者更准确地理解詹姆士哲学的文本，更充分地把握詹姆士哲学的学术主旨，更全面地评判詹姆士哲学的学术价值。

一、审视詹姆士哲学的角色定位

对于威廉·詹姆士，中国哲学界对他的印象远谈不上清晰、完整和具体。我们大多较笼统地把詹姆士看成美国实用主义哲学家和心理学家，所以，推进对作为哲学家的詹姆士的研究，有必要在实用主义发展史乃至整个美国哲学史语境中明确詹姆士哲学的角色定位。

（一）作为美国实用主义哲学的奠基者之一，詹姆士在实用主义哲学的产生和发展过程中扮演了一个非常关键的角色

美国实用主义哲学在19世纪70年代产生于美国哈佛大学的"形而上学俱乐部"，詹姆士是这个以进行学术活动为主要目的的松散组织的主要成员之一。[②] 詹姆士对美国实用主义哲学的贡献主要有以下几点：

首先，詹姆士对实用主义哲学的主要方面做了比较准确的归纳。在

[①] 王成兵，哲学博士，山西大学哲学与社会学学院特聘教授、博士生导师，国家社科基金重大项目"威廉·詹姆士哲学文集"翻译与研究"（17ZDA032）首席专家。

[②] Ralph Barton Perry. *The Thought and Character of William James* [M]. Nashville：Vanderbilt University Press，1996：129；Luis Menand：The Metaphysical Club，Farrar，Straus and Giroux，2001.

皮尔士提出实用主义基本原则之后的相当一段时间内，实用主义哲学在学术界的影响甚微。相比与自己年岁相仿的、同为"形而上学俱乐部"创立者的皮尔士，詹姆士是一位更专业的学者、更名副其实的实用主义哲学家。詹姆士把实用主义简单而通俗地概括为既是一种方法，也是关于真理是什么的发生论，① 并为此做了详细的论证与阐释，这促使实用主义从学术上真正成型，并进而为学术界所广为了解。"到了詹姆士这儿，实用主义才真正确立了自己的主旋律。"②

其次，在阐释实用主义哲学的过程中，詹姆士对气质与哲学的党派关系、意识流与经验世界、真理与效用的关系等问题，都提出了在当时乃至今天仍然存在争议但影响很大的见解，这在一定程度上引起了学术界的关注。

最后，实用主义在美国的流行和发展与詹姆士的性格与才华是分不开的。詹姆士是当时美国学术界的活跃分子，他知识面宽，兴趣广泛，文字优美，擅长演说，与当时西方世界的许多知名哲学家建立了积极的学术联系，这些都非常有利于实用主义哲学的发展和传播。

（二）詹姆士属于美国哲学史上首批具有重要国际性影响的哲学家之列

詹姆士是在世时就获得了欧洲哲学界认可或关注的美国哲学家，这种情形在当时的美国哲学界并不多见。英国牛津大学哲学家C·S·席勒（Canning Scott Schiller）是实用主义哲学特别是詹姆士学说在英国的代言人，他同时也影响了詹姆士的哲学思想。詹姆士与席勒在1897年前后相识，这一年，席勒在《心灵》（Mind）杂志上发表了一篇为詹姆士的《信仰的意志》所写的书评。在其中，席勒对詹姆士的思想给予了热情洋溢的评价，认为詹姆士在哲学界充斥着众多陈旧偏见的令人窒息的氛围中扔进了炸弹。③ 这个书评对詹姆士鼓舞很大，他由此笃信自己已经建立了一种哲学，并且确信可以在与像席勒那样的同行的合作中创立起一种

---

① 威廉·詹姆士，《实用主义》，陈羽纶、孙瑞禾译，商务印书馆，1979年版，第35~36页。
② 陈亚军，《哲学的改造》，中国社会科学出版社，1998年版，第16~17页。
③ Ralph Barton Perry, *The Thought and Character of William James* [M]. Nashville: Vanderbilt University Press, 1996: 301.

崭新的哲学流派。

詹姆士的实用主义思想影响了同时代的意大利哲学家。当时，意大利学者组成了一个名为"实用主义俱乐部"的学术小组，在1903—1907年间不定期地举行哲学讨论，小组的领袖是G·帕皮尼（G. Papini）。1905年4月，在意大利参加第五届国际心理学大会的詹姆士在罗马见到了小组的部分成员。在4月30日写给家人的信中，詹姆士谈到了意大利的实用主义哲学小组："我于今天下午与'实用主义'小组有一个很好的并且亲切的交谈，这个小组的成员有帕皮尼、瓦拉蒂、卡尔德罗尼、阿门达拉等，他们中的大多数人居住在佛罗伦萨。他们自费出版月刊《列奥纳多》，开展了一场非常严肃的哲学运动，它确实明显地受到席勒和我自己的影响。"① 在5月2日给乔治·桑塔耶拿（George Santayana）的信中，詹姆士再次提到了与意大利同行的聚会以及他们所从事的哲学研究工作。② 詹姆士的哲学也引起了德国和法国学术界的关注。詹姆士的《实用主义》一书于1908年由威廉·耶路撒冷（Wilhelm Jerusalem）译成德文出版，从而初步改变了之前实用主义不为德国学术界所知的状况。③ 在法国，著名哲学家亨利·柏格森为詹姆士的《实用主义》法语版写作序言，并对之极为欣赏。"一从邮差那儿接过你的《实用主义》，我便马上开始读起来，我手不释卷，直到全部读完，它令人钦佩地刻画出了未来哲学的纲要。"④ 对于詹姆士的《心理学原理》《宗教经验之种种》《多元的宇宙》以及《真理的意义》等，柏格森也持有一种善意和积极的评价。柏格森与詹姆士彼此欣赏，情谊非常，始终维持着一种相互间"同情的理解"，俩

---

① Ignas K. Skrupskelis，Elizabeth M. Berkeley（edit.）：*The Correspondence of William James*（volume11），Charlottesville and London，University of Virginia Press，2003，第26页。乔瓦尼·古拉斯（Qiovanni Gullace）的《意大利的实用主义运动》，王成兵、黄煜峰译，《经济与社会发展》，2020年第6期，第39~47页。

② Ignas K. Skrupskelis，Elizabeth M. Berkeley. *The Correspondence of William James* [M]. Volume11. Charlottesville：University of Virginia Press，2003：27.

③ Ralph Barton Perry. *The Thought and Character of William James* [M]. Nashville：Vanderbilt University Press，1996：321.

④ Ralph Barton Perry，*The Thought and Character of William James* [M]. Nashville：Vanderbilt University Press，1996：347.

人都真诚地寻找对方与自己相似、相近或相同的思想成分。①

（三）詹姆士是美国走向强大过程中显现文化自信，力求哲学思想本土化和独立性的思想家的代表

詹姆士的时代是美国社会从南北战争的乱局中逐步走向稳定直至强大的阶段。作为移民国家，美国的文化和哲学与欧洲的文化与哲学具有天然的亲密关联，实用主义哲学的奠基者皮尔士、詹姆士和杜威的思想中都多多少少具有西方哲学和文化的痕迹。随着美国逐步走向强大，美国思想和文化界自然地和自觉地把塑造自己的文化和哲学品格作为自己义不容辞的学术使命。从个人思想发展史来说，标志着詹姆士哲学思想成熟的重要著作大多发表于19世纪七八十年代之后。总体而言，这些著作透出美国哲学家寻求思想独立的强烈意愿和发出美国声音的责任感。只有在这个时代背景下，我们才可以充分理解詹姆士哲学的煽动性、乐观主义和热情四射的英雄气质，理解詹姆士等实用主义哲学家不再满足于在文化和哲学上仅仅扮演欧洲人的听众，而是开始尝试以美国人的方式谈哲学。1900—1901年，詹姆士接受爱丁堡大学邀请，去英国做著名的吉福德演讲（Gifford Lectures）。詹姆士说，面对许多博学的听众，自己实在诚惶诚恐，因为，美国人从欧洲学者生动的谈吐以及他们的书里接受教诲，这种经验已经习以为常了。"在我们哈佛大学，没有哪个冬天是毫无收获地白白度过的，总有来自苏格兰、英格兰、法兰西、德意志的专家，代表着他们本国的科学或文学，给我们做或大或小的演讲——这些专家，或是接受我们的邀请，专程横渡大西洋为我们演讲，或是当他们游历我们国家时，半路为我们截获的。欧洲人说话，我们听，似乎是理所应当的事情。我们说话，欧洲人听，则是相反的习惯。"而作为美国哲学家，"此时此刻我站在这里，不再说推辞的话。我只说一句：现在，无论在这里还是阿伯丁，潮流已经开始由西向东，我希望继续这样流下去。将来年复一年，我希望我们的民族在所有这些高层事业上变得像一个民族一样。并且，与我们的英语相关的哲学气质和特种政治气质，

---

① 关于詹姆士与柏格森之间的学术互动，参见 Ralph Barton Perry. *The Thought and Character of William James* [M]. Nashville: Vanderbilt University Press，1996：332~358.

越来越弥漫于全世界，影响全世界。"① 同样，当詹姆士的《实用主义》出版并大受欢迎之后，詹姆士极为自信地说："《实用主义》定是一本划时代的东西，在未来十年时间内，它将成为划时代的作品，它很像新教改革那样的东西。"②

二、在中国当代学术语境中深入研究詹姆士哲学的必要性

中国学术界与詹姆士哲学思想的相遇有长达一个多世纪的历史。1920 年 3 月 5 日起，古典实用主义哲学家约翰·杜威在北京大学法科礼堂举办了 6 次讲座，专门介绍詹姆士、柏格森和罗素三位哲学家。其中，对詹姆士及其哲学的介绍最为详尽。③ 在这个时期，胡适肯定了詹姆士心理学的地位，介绍了以詹姆士为代表的实用主义真理学说，特别强调了詹姆士关于真理是工具、媒婆、摆渡的观点，进而阐述效用的真理观。之后，范寿康、朱谦之和谢幼伟等学者对詹姆士的哲学思想进行了介绍或批评。20 世纪 50 年代和 60 年代，在批判实用主义的浪潮中，詹姆士哲学也受到了学术界激烈的批判。④ 20 世纪 80 年代初以后，我国学术界的实用主义哲学研究得到恢复并逐渐走入正轨，学术界力图重新审视包括詹姆士哲学在内的实用主义思想。这些，都是我们当今严肃、细致和深入研究詹姆士哲学时无法回避的学术背景。

强调有必要在当今的中国学术语境中进一步展开对詹姆士哲学的研究，主要是基于以下几点考虑：

（一）对詹姆士哲学深入和全面的研究，有利于进一步推进对作为一种价值哲学的实用主义的研究

詹姆士的实用主义既是一种哲学，也是一种价值学说。在某种程度

---

① 威廉·詹姆士，《宗教经验之种种》，尚新建译，华夏出版社，2012 年版，第 2~3 页。
② Ignas K. Skrupskelis, Elizabeth M. Berkeley. *The Correspondence of William James* [M]. Volume 3. Charlottesville: University of Virginia Press, 2003: 339.
③《杜威五大演讲》，胡适口译，安徽教育出版社，2005 年版。
④ 关于 20 世纪 50 年代对实用主义哲学的批判，参见王成兵《建国初期对实用主义的批判述评》，载《探索》2000 年第 3 期，第 73~75 页。

上说，詹姆士的哲学具有典型的美国价值观意义。在全球化时代，价值多元是一种活生生的事实，各种价值观的冲突是不可避免的现实与态势，价值观的冲突和碰撞将会成为中美哲学与文化之间学术对话的重要内容。对当代中国的核心价值观的理论探索，是我国学术界共同的学术责任和使命。在研究和建构当代中国自己的核心价值观的过程中，对以詹姆士哲学为代表的实用主义价值观的研究，客观上有利于我们从学术上回应和评判西方典型的价值观，确立自己的核心价值观。

（二）对詹姆士哲学的研究有助于在当代学术语境中更深入地理解和把握西方哲学研究中的一些关键问题

詹姆士的实用主义是一种特点鲜明的、非体系化的学说，它兼有现代西方人本主义哲学和实证主义哲学的特点，但是又游离于这两大思潮之间，试图走一条"第三条道路"，它反对传统的理性主义，但是又试图超越近代的经验主义哲学。以詹姆士为代表的实用主义哲学与现代西方哲学的许多流派保持着若即若离的关系，它从来没有彻底远离主流话语，在各种哲学对话中，它虽然并不总是处于对话的中心，但是学术界又总能听到它的声音。另外，很多现代哲学思潮最终都无法回避实用主义的论题，在一定意义上不得不回到实用主义的立场或者借用实用主义的观点。

因此，对詹姆士实用主义的研究涉及许多重要的现代西方哲学问题。比如，关于形而上学问题，古典实用主义者一般来说是持反对和怀疑立场，它也对思辨哲学持怀疑态度，但是，实用主义哲学从一开始就不可能完全回避形而上学问题。詹姆士对彻底经验和意识流等问题的思考，本身是实用主义对形而上学问题研究工作的一部分。我们认为，对詹姆士哲学的研究，有助于学术界对现代西方哲学一些关键问题的理解和把握。比如，如果我们能够对詹姆士的形而上学观进行更多的研究，我们在理解现代西方哲学的反形而上学特征时，可能会作出更丰富、更谨慎的思考，避免简单化和贴标签，这实际上也会丰富我国学术界的现代西方哲学研究工作。

（三）有助于我们在全球化时代加深理解美国的哲学和文化，在实际工作中有效、恰当和正确地应对来自美国政治、经济、文化方面的挑战

实用主义哲学关照现实，是美国经验的一种哲学总结，是美国精神的哲学概括，也是"美国梦"的哲学支柱。回顾实用主义的历史，我们发现，实用主义受到了美国社会、历史、文化和科学技术等因素的影响，它的不同阶段的理论形态反映了美国学术界和思想家对美国社会发展的不同阶段所做的哲学思考。事实上，在日常政治生活和学术活动中去思考美国的政治、文化和制度，分析和评判许多重大的决策和事件，都离不开对其背后的实用主义哲学因素的考察。在这一点上，詹姆士自己也有很清醒的认识，他曾经借用别人的比喻说："我们觉得对于一个女房东来说，考虑房客的收入固然重要，但更要紧的还是懂得房客的哲学；我们认为对于一个即将杀敌冲锋的将军来说，知道敌人的多寡固然重要，但更要紧的是知道敌人的哲学。"[①] 因此，研究实用主义主要代表人物詹姆士的哲学，对于我们从实践层面上有效和准确应对来自美国的政治、经济、文化方面的挑战，做到知此知彼，也有积极的意义。

三、推进和深化詹姆士哲学研究的可行路径与研究构想

在当代中国学术语境中推进詹姆士哲学研究，应当以詹姆士核心文献的分析、编辑与翻译为基础，在西方哲学的语境以及中外比较哲学的视野中展开。

（一）对詹姆士哲学经典和重要研究文献进行搜集、编辑和翻译

哲学文献是哲学家思想的主要载体，对詹姆士哲学文献的研究是对詹姆士哲学展开研究的重要组成部分。詹姆士在世时，美国出版过詹姆士的《心理学原理》（*Principles of Psychology*）（1890）、《实用主义》（*Pragmatism: A New Name for some Old Ways of Thinking*）（1907）、《宗教经验之种种》（*The Varieties of Religious Experience*）（1902）、

[①] 威廉·詹姆士，《实用主义》，陈羽纶、孙瑞禾译，商务印书馆，1979年版，第5页。

《多元的宇宙》(A Pluralistic Universe)(1909)、《真理的意义》(The Meaning of Truth: A Sequel to Pragmatism)(1909)等文献。在从哈佛大学退休之后,为回应学术界一些人批评他的思想不系统的说法,詹姆士曾决定在余生完成对实用主义进行更充分解释的工作,包括重新编写自己的作品。不过,詹姆士直到去世也没有完成他所预期的"逻辑完整性"工作。[①]

詹姆士去世以后,詹姆士的一些哲学著作得到出版,其中包括《一些哲学问题》(Some Problems of Philosophy)(1911)、《彻底经验主义论文集》(Essays in Radical Empiricism)(1912),等等。

20世纪中后期以来,美国学术界着手对詹姆士文献的全面收集、勘校和编辑工作。其中最有代表性的文献是哈佛大学出版社历时13年完成的、迄今为止最具权威性、最齐全的《威廉·詹姆士著作》(The Works of William James)(19卷)(1975—1988)。该文集不仅包括了詹姆士生前出版的文献,也搜集和整理了詹姆士在世时尚未出版的论文、讲稿、笔记、书评和访谈等。编纂人员对每卷文献进行了极为细致的考察,对主要文本的发表背景、出版历史、编校情况等进行了明确的交代,并由语言专家对文献的英语进行了现代版的注释和修订。在某种意义上说,《威廉·詹姆士著作》是詹姆士文献的学术批评版、考证版和专业版,具有很高的文献价值和学术价值。

在现代西方哲学家中,詹姆士可能是为数不多的非常愿意写信并能够把信件保留下来的哲学家。美国弗吉尼亚大学出版社于1992—2004年间编辑出版的12卷本《威廉·詹姆士书信集》(The Correspondence of William James)是迄今为止最齐全的詹姆士书信文集,它为人们研究詹姆士学术思想和学术交往的历程、学术与生活的互相影响等提供了可贵的资料。

此外,在詹姆士的时代,私人图书馆对个人的学术研究也起到了很重要的作用。詹姆士自己有一个规模不小的私人图书馆,詹姆士在其中

[①] 道格拉斯·索希奥,《哲学导论——智慧的典范》,王成兵等译,北京师范大学出版社,2014年版,第499~500页。

进行阅读和写作，他阅读时在很多书上所做的批注等，也是研究詹姆士哲学的重要信息。①

自20世纪二三十年代开始，中国学术界翻译和出版过一些詹姆士的哲学文献，有的文献甚至出版了若干个版本。不过，总的来说，关于詹姆士哲学文献中文版的出版工作存在着版本、语言和理解等方面的问题，具有很大的提高和改善空间。学术界当下的任务是以《威廉·詹姆士著作》为基本文献，编辑、出版多卷本中文版的詹姆士哲学文集。按照我们的构想，詹姆士哲学文集中文版至少应当包括以下内容：《实用主义》《真理的意义》《多元的宇宙》《宗教经验之种种》《信仰的意志和其他通俗哲学论文》《一些哲学问题》《彻底经验主义论文集》《哲学论文集》《讲稿》《哲学书信、短评与书评》《心理学原理》（第1~3卷），等等。

（二）在实用主义发展史中考察詹姆士实用主义哲学的重要观念和思想的发展线索、学术走向，明确詹姆士在实用主义运动中的地位

1. 研究詹姆士哲学与其他古典实用主义哲学家之间的关系和互相影响

从一般性学术交往的角度说，古典实用主义哲学家之间的关系似乎比较明确，然而，就詹姆士、杜威和皮尔士三位古典实用主义代表人物以及英国实用主义哲学家席勒的思想之间的逻辑关系以及他们的思想观念之间的差异而言，学术界需要做更细致的研究工作。

2. 厘清詹姆士哲学思想发展的逻辑

詹姆士的哲学与其心理学、宗教学等思想交织在一起，显得更加庞杂和复杂。因此，詹姆士哲学思想发展的逻辑以及个人思想发展的阶段，是詹姆士哲学研究中的一个重要问题。比如，詹姆士最为关键的哲学观念"彻底经验主义"何时产生和成熟，至今学术界仍然没有定论。同样，詹姆士在1907年提出实用主义与彻底经验主义并没有任何逻辑性的关联，"一个人尽可以完全不接受它而仍旧是个实用主义者"。② 这寥寥数语，

---

① 有关詹姆士私人图书馆的情况，参见 Eminem L. Algaier IV. Reconstructing the Personal Library of William James [M]. Lexington: Lexington Books, 2020.

② 威廉·詹姆士，《实用主义》，陈羽纶、孙瑞禾译，商务印书馆，1979年版，第4页。

却让西方哲学界严肃地思考和争论，詹姆士的反形而上学的实用主义与对世界本原问题进行探讨的彻底经验主义之间，是否具有同一性。为什么詹姆士在反对传统形而上学的同时，又主张另一种形而上学，两个主要的主张如何和谐相处与共生。① 类似的问题，在詹姆士哲学中并不少见，值得举一反三，进行思考和讨论。

（三）在西方哲学语境中研究詹姆士哲学的地位和影响

詹姆士哲学是整个西方哲学发展史的一个环节。从哲学史维度研究詹姆士哲学，展现詹姆士哲学乃至整个古典实用主义出场的哲学史背景，是学术界一惯坚持的方向。② 由于篇幅限制，本导语仅就在现代西方哲学语境中加强对詹姆士哲学的研究，提出几点建议，供同行参考。

1. 研究詹姆士哲学与柏格森哲学之间的学术互动

就私人交往而言，詹姆士与柏格森彼此都毫不掩饰对对方的欣赏。作为学术研究，我们很容易找到两位哲人思想的相似和相同之处。比如，詹姆士和柏格森都对理智主义持批评与怀疑态度，都对生成中的宇宙和世界持开放性态度，等等。同时，詹姆士与柏格森的哲学观点也确实具有某些差异性。比如，在最终实在论题上，詹姆士是镶嵌式的多元论，他把宇宙看成经验中的世界，反对超越性的实在；而柏格森则坚持认为，存在着某种无所不包的一元论。在哲学方法论上，詹姆士侧重于描述，柏格森更重视转变和解释。此外，两位学者在时间性、传统哲学的价值、偶然性的地位等问题上，都有明显不同的见解和立场，有待学术界展开更深入的讨论。

2. 研究詹姆士与罗素在真理和纯粹经验问题上的争论及其哲学蕴意

詹姆士与罗素有学术上的直接交往。就哲学立场而言，詹姆士与罗素的分歧显而易见。在真理观上，罗素与詹姆士之间发生过激烈的争论。在经验观上，罗素对詹姆士的彻底经验主义持怀疑的态度。这种分歧，

---

① 相关研究，参见 Wesley Cooper. *The Unity of William James's Thought* [M]. Nashville: Vanderbilt University Press, 2002.

② 关于实用主义哲学研究路径的更详细讨论，参见《实用主义研究的三条路径》，《新华文摘》，2016年第12期，第36~39页。

在某种程度上既反映了分析哲学立场的真理观与具有某种约定主义色彩的真理观之间因"门户之见"所造成的思想差异,也反映了经验主义哲学阵营内部在诸如经验等问题上的不同看法,甚至不排除争论中的一方或双方对对方立场的某种误读。①

3. 研究詹姆士与意大利实用主义者之间的相互影响

就像本导语前面部分提到的那样,1903—1907年间,发生在意大利的实用主义运动是美国实用主义在欧洲的分支。相对来说,学术界对意大利实用主义运动如何受到詹姆士的影响,以及前者在哪些方面试图对后者进行改进和补充,还有很大的研究空间。②同样,学术界关于詹姆士对意大利实用主义者的思想和观点的吸收(比如,詹姆士对帕皮尼的"走廊"比喻的借用,等等),也有待加以细致的研究。③

4. 更深入研究詹姆士哲学对维特根斯坦哲学思想的影响

詹姆士的哲学影响到了一些重要的现代西方哲学家(如维特根斯坦、弗洛伊德和萨特,等等)。其中,关于詹姆士对维特根斯坦思想的影响,尤其引起了国内外学者的关注。维特根斯坦曾经深入研读过詹姆士的《心理学原理》《宗教经验之种种》等著作。罗素也认为,维特根斯坦哲学中的神秘主义倾向的确来自詹姆士思想风格的影响。笔者相信,对詹姆士和维特根斯坦思想的逻辑关联性的深入和全面研究,无论对当今的詹姆士研究还是维特根斯坦研究来说,都是一个值得期待的工作。④

5. 研究詹姆士哲学与早期现象学运动之间的思想关联以及詹姆士对现代现象学的影响

古典实用主义哲学家皮尔士早在20世纪初就使用了"现象学"这个名词。"虽然我们并不能因此简单地断言,古典实用主义在胡塞尔现象学

---

① 关于罗素与詹姆士之间的学术争论的基本文献,参见罗素的《心的分析》《哲学论文集》,詹姆士的《两位英国批评者》《对罗素的"大西洋彼岸的'真理'"的注解》,等等。
② 威廉·詹姆士,《实用主义》,陈羽纶、孙瑞禾译,商务印书馆,1979年版,第30~31页。
③ 关于意大利实用主义运动的更多情况,参见 Giovanni Gullace. *The Pragmatism Movement in Italy*[J]. Journal of the History of Ideas,1962(23):91~105.
④ 相关阶段性研究成果,参见 Robin Haack: *Wittgenstein's Pragmatism*, American Philosophical Quarterly, Vol. 19, No.2, 1982,第163~172页;陈启伟,《西方哲学研究——陈启伟三十年哲学文存》,商务印书馆,2015年版;李国山,《论维特根斯坦与詹姆士的学术关联》,《社会科学》,2019年第3期,第119~121页;Russell. B. Goodman: *Wittgenstein and William James*, Cambridge University Press,2004.

之前就提倡了现代现象学，但是，在皮尔士、詹姆士和广义的现象学之间，确实有很重要的志趣相投之处。"① 或者说："我们不能说詹姆士预言了现代现象学，但是，他的思想至少以类似于现象学的方式试图回应来自哲学、科学、心理学、生物学的挑战。"②

西方学术界在 20 世纪中叶就提出，詹姆士的意识流和彻底经验主义有着比较明显的现象学特征。虽然是胡塞尔普及了"现象学"这个词的意思，但这是在詹姆士的《心理学原理》出版 10 年之后的事。詹姆士在 1890 年，尤其是在《心理学原理》的"思想流"这一章中，基本建构了"现象学"分析的模型。按照詹姆士的观点，他不会同意把一组先天的范畴强加在我们对经验的描述上，而是主张应该始于观察经验本身。詹姆士用自己的方式着手去除"事物"与"关系"之间的老旧的区分。此外，詹姆士的现象学优点之一是，他能够用简单的英语，而不是用后来才发展出来的一些晦涩术语来表述现象学。③

20 世纪 80 年代左右，现代现象学运动如日中天，古典实用主义也走向了复兴。在这种背景下，西方哲学界断言，现象学哲学家们在他们的理论和古典实用主义者的某些观点之间发现了惊人的相似之处。因此，西方学术界出版了专门对古典实用主义与哲学现象学进行总体性比较研究④以及就詹姆士与现象学家进行比较研究的专著，比如，最近引起学术界关注的《列维纳斯和詹姆士：走向一种实用主义的现象学》(*Levinas and James: Toward a Pragmatic Phenomenology*)。⑤ 中国学者自 21 世纪以来也发表了若干篇关于詹姆士与现象学比较研究的学术成果。⑥

---

① 赫伯特·施皮格伯格，《现象学运动》，王炳文、张金言译，商务印书馆，2011 年版，第 52、53 页。
② 罗伯特 B·麦克劳德，《作为现象学家的威廉·詹姆士》，陈磊译，《经济与社会发展》，2018 年第 5 期，第 62~64 页。
③ 罗伯特 B·麦克劳德，《作为现象学家的威廉·詹姆士》，陈磊译，《经济与社会发展》，2018 年第 5 期，第 62~64 页。
④ Patric L. Bourgeois &Sandra B. Rothsenthal: *Thematic Studies in Phenomenology and Pragmatism*, B.R. Gruner Publishing Co.-Amsterdam, 1983; Sandra B. Rothsenthal & Patric L. Bourgeois: *Pragmatism and Phenomenlogy: A Philosophic Encounter*, B.R. Gruner Publishing Co.-Amsterdam, 1980.
⑤ Megan Craig: *Levinas and James: Toward a Pragmatic Phenomenology*, Indiana University Press, 2010.
⑥ 陈群志，《詹姆士的时间哲学及其现象学效应》，《学术月刊》，2016 年第 4 期，第 29~39 页；孙冠臣，《论威廉·詹姆士对胡塞尔现象学的影响》，《现代哲学》，2002 年第 2 期，第 98~106 页。

6. 研究詹姆士哲学中的后现代元素

后现代主义哲学因其过于沉重的解构底色而遭到学术界不同程度的批评。一些后现代主义思想家努力为后现代主义的建构特质寻求学术资源。在为这个建设性哲学寻求思想资源的过程中，人们想到了詹姆士。他们认为，詹姆士对身心二元论和物理主义的批评，对人类意识活动中的有机链接关系的强调，以及詹姆士真理观中的约定论成分等，确实与建构性后现代主义的一些主张不谋而合，有学者甚至干脆把詹姆士视为建设性后现代主义哲学的奠基人之一。[1] 在后现代主义哲学由热转向冷静研究的阶段中，对詹姆士哲学与后现代主义哲学的可能影响的研究，也许既有利于深化对詹姆士哲学的当代意义的理解，也有利于增加后现代主义哲学理论韵味。

（四）在比较哲学视野中探索詹姆士哲学与中国传统哲学之间的关系

在全球化时代，中西哲学的对话和比较研究是一种大趋势，也是中国当代哲学工作者无法回避的学术责任。我们可以将詹姆士哲学与中国传统哲学之间的比较研究作为一个案例，在观点、研究方法等方面进行积极的尝试。

其实，实用主义哲学与中国哲学的对话是伴随着实用主义哲学传入中国的步伐一起进行的。20世纪20年代，胡适和蒋梦麟等就尝试着把杜威的思想与中国传统哲学进行比较研究。此后，由于种种原因，这项工作停滞了相当长一段时间。从20世纪80年代开始，由于国内外学术沟通渠道的拓宽和学术交流的更加顺畅，也由于我国综合实力大增所导致的西方学术界对中国文化和哲学的重视，实用主义哲学与中国哲学的深入对话似乎成为一种必然。在古典实用主义哲学与中国传统哲学比较研究方面，最突出的研究进展是杜威哲学与中国传统哲学的比较研究。

相对于杜威哲学与中国传统哲学之间比较研究工作的现状和成果，詹姆士哲学与中国传统哲学之间的比较研究工作具有极大的发展空间。一方面，学术界有必要沿着20世纪90年代所进行的尝试，将詹

---

[1] 大卫·雷·格里芬，《超越解构——建设性后现代哲学的奠基者》，鲍世斌等译，中央编译出版社，2002年版，第123~182页。

姆士哲学与颜元、黄宗羲等人的思想进行比较研究。①毫无疑问,这方面的研究工作是基础性的,有其不可忽视的学术价值,学术界完全有必要重启和加强这方面的研究。另一方面,也是更为重要的方面,学术界有必要尝试着选取詹姆士哲学的某些关键性观念,努力在詹姆士哲学与中国传统哲学的比较研究方面,从简单的相似性、差异性比较,逐渐进入对以詹姆士为代表的实用主义哲学与中国传统哲学之间的共通性(commonalities)问题的思考和把握。就我们目前初步的理解而言,比较研究工作至少可以从以下两个方面展开:

1. 就詹姆士的"纯粹经验""意识流"观念与佛教哲学的相关观念展开比较研究。

"纯粹经验"和"意识流"是詹姆士哲学中最为重要的哲学观念,在《心理学原理》《彻底经验主义论文集》《宗教经验之种种》等重要哲学著作中,詹姆士对它们进行了大量的讨论。根据我们的初步理解,詹姆士的上述观念与佛教的唯识论尤其是唯识今学的某些观点,具有可比性。比如,唯识今学主张,通过对认识论和逻辑学的探究去了解把握终极真理的途径。在认识的来源和获得真理的手段问题上,一些代表人物提出了"识量"或"量"的思想,即现量、比量和圣教量,其中,识量虽然是一种认识,但是,它已经不是一般性的泛泛而谈的感觉经验,而是有着特殊规定的直觉经验,这也是所谓的"直对前色,不能分别"。其意思是说,"只有感官机能直面前境生起的感觉,才属现量,因而现量总是片段的、刹那灭的,绝不会形成多种感觉综合的完整表象,那是思维'分别'在起作用,不属于'现量'的范围",例如"唯见一色,不证于瓶","'瓶'的现量只能知觉到它的色、香、味、触等,但不能认识到它是'瓶'。'瓶'的认识,不属于'现量'的范围。据此,'现量'的对象被认为就是构成具体事物的单一性,即不可再破解的'自性'或'自相'。"②詹姆士的上述观念与早期现象学之间具有天然的亲缘关系,合乎

---

① 陈林,《威廉·詹姆士实用主义与颜元实用思想之比较》,《南京师大学报》,1992年第4期,第27~32页。司徒琳,《不同世界间的共同基点——通过黄宗羲与威廉·詹姆士,比较明清新儒学与美国实用主义》,《复旦大学学报》,1990年第3期,第26~31页。

② 杜继文,《佛教史》,江苏人民出版社,第127页。

逻辑地，詹姆士的哲学与佛教哲学的比较研究，应当成为现象学与中国传统哲学比较研究工作的必要组成部分。

2. 就詹姆士所主张的意识的神秘状态的不可言传性、可知性与中国传统文化所讨论的某些既神秘又可以认识的存在状态展开比较研究

詹姆士本人具有鲜明的宗教哲学主张。时至今日，詹姆士的实用主义宗教观在西方的宗教哲学界仍然具有不可忽视的影响。与其宗教哲学和彻底经验主义哲学观密切相关，詹姆士的宗教哲学思想专门讨论了意识的神秘状态。在詹姆士看来，意识的神秘状态具有如下重要特征：

不可言传性，"它不可言传，不能用语言贴切地报告它的内容。因此，人必须直接经验它的性质"。①

可知性质，"它们似乎也是认知状态。它们是洞见真理的状态……是推理理智无法探测的。这些状态是洞明，是启示，虽然完全超乎言说，却充满着意蕴与重要"。②

暂时性，"神秘状态不可能维持很久"。③

被动性，"这种特殊类型的意识一旦出现，神秘者便觉得自己的意志突然停止了，有时，就好像被一个更高的力量所把捉"。④

不难看出，詹姆士心目中的这四个神秘状态，与东方智慧的某些思想具有极大的相似性和可比性。其实，詹姆士在进一步讨论上述思想时，也使用了瑜伽的所谓"三摩地"（samadhi）来证明，人们在某些状态下可以直接看见本能和理性不能认识的真理。⑤然而，比较遗憾的是，詹姆士没有了解到中国古代哲学中的相关思想，没有理解类似于老子、王弼等中国古代哲人的相关学说。所以，对意识的神秘状态的特点的进一步研究，可以尝试使用中国道家哲学和道教思想的相关视角和思路展开。⑥

---

① 威廉·詹姆士，《宗教经验之种种》，尚新建译，华夏出版社 2012 年版，第 373 页。
② 威廉·詹姆士，《宗教经验之种种》，尚新建译，华夏出版社 2012 年版，第 373~374 页。
③ 威廉·詹姆士，《宗教经验之种种》，尚新建译，华夏出版社 2012 年版，第 374 页。
④ 威廉·詹姆士，《宗教经验之种种》，尚新建译，华夏出版社 2012 年版，第 374 页。
⑤ 威廉·詹姆士，《宗教经验之种种》，尚新建译，华夏出版社 2012 年版，第 395 页。
⑥ 相关研究思路，参见尚新建，《美国世俗化的宗教与威廉·詹姆士的彻底经验主义》，上海人民出版社，2002 年版，第 207~209 页。Wang Chengbing. *Possible approaches to the comparative study of William James and traditional Chinese philosophy*[J]. Educational Philosophy and Theory，https://doi.org/10.1080/00131857.2020.1750088.

译者序

本书收录、整理和翻译了威廉·詹姆士发表于不同时期的20篇哲学论文，从他1876年到哈佛大学哲学系任教开始，一直到他1910年去世。这里的"哲学"是相对于"宗教""心理学"而言的。严格说来，这20篇论文不都属于真正意义上的学术论文，因为其中既包括数篇詹姆士为他人著作写的序言，也包括给他人所编词典写的两个词条。大部分文章的篇幅都不长，其中与詹姆士本人哲学思想的发展有重要关系的有四篇，分别是《评斯宾塞对心灵的定义：作为"适应"产物的心灵》（Remarks on Spencer's Definition of Mind as Correspondence）、《理性的情感》（The Sentiment of Rationality）、《把事物作为一个整体来认识》（The Knowing of Things Together）以及《实用主义的方法》（The Pragmatic Method）。为了便于阅读，这里有必要对各部分的内容做一个简单的介绍。

1876年，斯坦利·霍尔（G. Stanley Hall）给《国家》（The Nation）杂志写了一封公开信，批评美国的大学更多地是基于神学和宗教方面的考虑讲授哲学，忽视了真正的哲学教育。这一年刚刚加入哈佛哲学系的詹姆士在题为《美国大学里的哲学教育》（The Teaching of Philosophy in Our Colleges）的回信中对此表示了认可，并进一步指出，"假如大学想要塑造的是人而非机器，那么它们就应该把哲学的作用放在首位。"不同于斯坦利·霍尔，詹姆士对此持一种相对乐观的态度，认为当时的美国哲学正处于某种变革的前夕，各种新的科学发现必然推动哲学研究方法的变革和研究人员的更替。从这封信中也可以看出，此时的詹姆士对哲学的理解是："它让我们总是可以看到另一种可能性，不以习俗为理所当然，看到它的可变性，勇于探索心灵的未知领域。"

1878年，詹姆士发表了自己的第一篇真正意义上的哲学论文《评斯宾塞对心灵的定义：作为'适应'产物的心灵》，对赫伯特·斯宾塞（Herbert Spencer）的《心理学原理》（Principles of Psychology）中的"心灵"概念提出了批评，后者把"心灵"解读为有机体适应外在环境的被动产物。但是在詹姆士看来，"心灵"不仅仅意味着对事实的感知，还包括品位、礼仪、美貌、道德等。斯宾塞的定义过于狭隘，无法解释情感、美学冲动等心理状态，完全抹杀了心理行为在有机体进化中的积极作用。詹姆士强调了兴趣的重要性，认为有机体在关注和适应外在环境之前必须先有特定的兴趣。换言之，我们注定是目的论者，我们的兴趣蕴涵着我们的立场，兴趣普遍存在于所有的心理事实当中，而生存不过是有机体诸多兴趣中的一种。詹姆士同时认为，从外在的视角来看，兴趣完全可以用非精神性的概念加以表达。例如，"生存兴趣可以被视为一种理想化的'应然'，从一开始就发挥作用，决定着动物有机体如何做出反应；从外在的物理视角来看，它不过是动物反应的一种客观的可能性后果。"如此一来，生存不再是智能行为的先决条件，而是它的附带结果。或者说，肯定兴趣的积极作用并不会导致精神决定论；只是从意识的内在视角来看，兴趣显然具有强制效应，能够推动或抑制客观事物的运动变化。"求知者不仅是旁观者，也是参与者，他一边参与构建真相，另一边又记录着这种真相。各种心理兴趣、猜测、假设，只要它们构成了人类行为的基础——这些行为在很大程度上改变了世界——就参与了真相的构建。"詹姆士对心灵与世界之关系的解读已然表达了一种反"符合论"的真理观。

赫伯特·斯宾塞作为19世纪英国最有影响力的思想家之一，他的思想最为我们熟知的可能是他的社会达尔文主义。但事实上，社会达尔文主义不过是斯宾塞思想体系的"冰山一角"，他的目标是把进化论应用于一切领域，建立起一个"大一统"的知识系统，其十卷本的《综合哲学体系》（System of Synthetic Philosophy）就是这一伟大目标的直接成果。在他的诸多著作当中，几乎没有他不曾涉猎的学科。就斯宾塞哲学思想体系的广博性而言，在同时代的思想家当中也许鲜有人可与之匹敌。但就其思想深度而言，斯宾塞的思想体系一直饱受诟病。他本人性格偏执，借以开辟自身思想领地的方式几近"野蛮"。用他自己的话来说："和我的体系不相容的观点……即便没有被拒绝，也会被冷漠地放在一边，很快被扔掉……对于其根本性原则完全不能得到我的认可的著作，我从来不看。"斯宾塞只关心自己的"统一大业"，对于别人的质疑似乎从不在意。正因如此，同时代人对他的评价走向了两极分化，欣赏他的人认为他堪比亚里士多德，瞧不上他的人把他比作"哲学锯木厂"，送进去的任何材料都会被切割成一块又一块整齐划一、彼此相似的"木板"，讽刺他的作品虽然数量庞大，但单调乏味，过于机械。

詹姆士承认自己年轻的时候一度对斯宾塞的视角很是着迷，并把他的某些著作用作学生的教科书。随着自身哲学观点的日渐成熟，詹姆士对斯宾塞的看法渐渐走向了反面。在本卷收录的另两篇文章当中，詹姆士对斯宾塞的哲学体系给出了更加全面的评价。《赫伯特·斯宾塞辞世》（*Herbert Spencer Dead*）写于1903年斯宾塞去世之际，《赫伯特·斯宾塞》（*Herbert Spencer*）写于1904年斯宾塞的两卷本《自传》出版之际。从总体上来看，詹姆士对斯宾塞的哲学研究方法及由此得出的结论持批判和否定的态度，但是对他孜孜不倦的探索精神持赞赏和肯定态度。"伟大和渺小从未在同一个人身上结合得如此紧密。"

《理性的情感》是詹姆士于1879年发表在《心灵》（*Mind*）杂志上的另一篇重要论文。在这里，詹姆士从心理学的角度考察了一个问题，即哲学家从事哲学工作的心理动机是什么？或者说，当哲学家达成自己的目标之后，会有什么样的心理感受？詹姆士把这种感受称作"理性的情感"，指思维没有受到阻碍之时的通达感，是一种从困惑到豁然开朗的解脱感。"某个对象只要能够被我们流畅地思维，它在我们看来就是合乎理性的。"在詹姆士看来，哲学研究不过是哲学家基于自己的兴趣，借助特定的概念来理解世界，就像喜欢玩游戏的人借助特定的方法来赢得游戏；兴趣的满足可以让哲学家体验到理性的情感，就像赢得游戏可以让玩家感到快乐。在这种意义上，概念是一种目的论的工具，什么样的概念能够帮助哲学家达成目的，取决于哲学家具有什么样的兴趣。詹姆士在哲学家身上看到了两种最重要的兴趣：简单性（Simplicity）和明晰性（Clearness）。喜欢简单性的哲学家往往追求概念的统一性，甚至不惜一切代价来成全这种统一性。"最彻底的体现,就是黑格尔主义对矛盾律的否定,允许 A 和非 A 同一。"喜欢明晰性的哲学家往往追求具体性,不喜欢抽象的概念,比如以休谟为代表的英国经验主义者。在詹姆士看来,这两种方式都不可取。过分追求明晰性,有可能导致事实的具体成分得不到解释;过分追求统一性,有可能引入虚假的概念,起不到真正的解释作用。也许可以说,它们都犯了"选择性忽视"的错误,为了满足片面的哲学兴趣,忽视了生活中的其他兴趣。"对理论理性的兴趣,同一性带来的解脱感,不过是人类众多兴趣中的一种。当别的兴趣占主导的时候,它必须主动让位。"但同时詹姆士进一步指出,追求大一统的形而上学兴趣根植于人类的本性,"只要人类没有放弃思考,就一定会有形而上学的渴望。"但即便有一种好的形而上学平衡了我们对明晰性和简单性的追求,哲学家的解脱感也只是暂时性的,因为我们总是可以想象"世界原本可以不存在"或"世界原本可以是另外一个样子"。无论如何,本体论上的惊奇感将一直存在,理性永远得不到真正的满足。

1893 年,詹姆士在《心灵》杂志上发表了两篇短文《布拉德利先生论直接的相似性》(*Mr. Bradley on Immediate Resemblance*)和《直接的相似性》(*Immediate Resemblance*),对弗朗西斯·赫伯特·布拉德利(Francis Herbert Bradley)在相似性问题上的批评做出了回应。在 1890 年出版的《心理学原理》中,詹姆士提出事物之间的相似性是一种可以被直接确定的关系,对不同的事物进行比较属于思维的底层功能。布拉德利是一位同时代的英国观念论者,他的形而上学立场可称为实体一元论的观念论,即认为观念或经验是唯一的实在(Reality),且这种实在不可分,不存在真正可分离的事物。二人在相似性问题上的分歧源于形而上学立场的分歧。詹姆士认为,构成事物的最终元素可以各不相同,这种类的差异及直接的相似和反差,构成了世界的最终材料,同时也构成了我们初步区分知觉种类的依据。

1894 年 12 月,詹姆士在普林斯顿举行的美国心理学会(American Psychological Association)会议上发表主席演讲,题目是《把事物作为一个整体来认识》。演讲内容于 1895 年刊登于 3 月的《心理学评论》(*The Psychological Review*)上。詹姆士曾在《心理学原理》中提出,

"我们如何把事物作为一个整体来认识"是一个形而上学的问题，而非自然科学的问题，因而心理学应该把它完全剔除出去。"我们有时候认识单一的事物，有时候把不同的事物作为一个整体来认识，这是事实。意识状态是知识的载体，意识状态依赖大脑状态，这是另外两种事实。我认为，心理学作为一门自然科学，应该仅限于追溯这三种事实的功能性变化，找出心灵在认识确定的事物或事物群时，身体和大脑处于什么样的状态。"1893年在纽约举行的美国心理学会议上，詹姆士的这一立场受到了猛烈的抨击。从这个角度来看，1894年的演讲可以看作是对其立场的再次论证和辩护。

詹姆士把这个问题进行分解，逐步考察了"事物""认识"以及"把事物作为整体来认识"的含义。他认为事物的本质就是经验，"事物在不同的时候可能看上去很不一样，但不论它是什么，构成它的材料都是思维材料"；他把认识分为两种：直接或直觉性的认识（Knowing Them Immediately or Intuitively）和概念或表征性的认识（Knowing Them Conceptually or Representatively）。"直接或基于直觉认识对象，意味着心理内容和认识对象具有同一性"；借助概念认识对象，"就是通过世界所提供的某个背景走向这个对象"，将对象的心理联想物与紧随其后的后果进行列举和配对，从而使心灵能够和谐地融入某种虚构或真实的背景中。在这两种认识中，都不存在经院主义哲学所说的"意向的内存在"（Intentional Inexistence）或"不存在的表征"（Presence in Absence）。詹姆士进一步分析了我们关于时间的经验，关于时间的经验即"构建我们的物理世界和精神世界的原始材料"。在时间流逝的意识之中，"前"和"后"在经验中的呈现，互相以对方为条件，只能同时出现。如此，我们的经验呈现为连续的事实。不可分的原始材料当中的成分彼此牵扯、相互渗透，给人一种"这就是……"的感觉，让我们形成了认识的原始直觉。詹姆士认为，这就是"把事物作为一个整体来认识"的原型。"多"是如何统一成"一"的，似乎是一切经验的最终本质，但这个过程是如何完成的，我们可能永远也得不到解释。

接下来，詹姆士讨论了两类试图确定"把事物作为一个整体来认识"之具体条件的理论。联合主义理论（Associationist Theory）认为，不同意识状态的"共时性"存在就足以使不同对象作为一个整体被认识。非联合主义理论则认为，意识的统一性一定是由某种因素促成和导致的，"共时性"不属于充分条件。詹姆士区分了四种非联合主义理论，包括生理学的、心理学的、泛灵论的和先验论的。从总体上来看，他对联合主义理论、泛灵论和先验论的非联合主义理论持否定态度，对生理学和心理学的非联合主义理论持怀疑态度。

在1895年《给保尔森〈哲学导论〉作的序》(Preface to Friedrich Paulsen's "Introduction to Philosophy")中，除了完成一篇序言应该完成的任务，詹姆士还表达了一种更加成熟的实用主义哲学态度："哲学家们总是对自己的理性过于绝对……生活是开放的，而知识分子渴望构建的哲学却是封闭的。我们应该再次提醒自己，所有的哲学都不过是一种假设。"本卷收录的另一篇序言是詹姆士于1906年《给哈格尔德·霍夫丁〈哲学问题〉作的序》(Preface to Höffding's "Problems of Philosophy")。詹姆士对哈格尔德·霍夫丁哲学观点的点评在一定程度上也体现了他自己的实用主义立场。

"实用主义"(Pragmatism)和"经验"(Experience)是詹姆士为鲍德温(James Mark Baldwin)的《哲学与心理学词典》(Dictionary of Philosophy and Psychology)(1902年)撰写的两个词条，可以被看作是詹姆士在这一时期对这两个概念的直接定义，尽管他的《实用主义》(Pragmatism)直到1907年才正式出版。

《芝加哥学派》(The Chicago School)最初发表于1904年的《心理学通信》(Psychological Bulletin)杂志上，是詹姆士对约翰·杜威及其弟子的论文集《逻辑理论研究》(Studies in Logical Theory)所写的一篇评论。詹姆士敏锐地觉察出，"约翰·杜威教授，另外至少还有十位他的弟子，共同向世人阐述了他们的思想……一种新的哲学体系已然逐渐成形"，并正确地指出"情境"(Situation)概念是理解杜威哲学思想的关键所在，他对真理的理解也与情境相关，"一个情境只要达到了最高的稳定性，主体在其中最是觉得满意，那么它对主体而言就是真的。"此外，詹姆士也看到了这个体系的不完善之处，"其一是缺少一门宇宙学，即对物理事实之秩序的积极阐释；其二是没有说明不同主体享有同一个对象世界这一事实。"从总体上来看，詹姆士对这个新的体系持积极的赞赏态度，认为它"赋予了具体现实以重要的意义……很可能有一个光明的未来，美国人将为它感到骄傲"。

类似地，詹姆士在1906年发表在《哲学、心理学与科学研究方法》(The Journal of Philosophy, Psychology and Scientific Methods) 上的《帕皮尼和意大利的实用主义运动》(G. Papini and the Pragmatist Movement in Italy)，点评了以青年哲学家乔瓦尼·帕皮尼为代表的意大利实用主义运动，并给出了高度的评价，认为他们的论文"简明清晰，既有新意又有深度，同时也带有一点欢快和鲁莽，散发着青春和自由的魅力"。作为对比，詹姆士毫不留情地批判了美国年轻一代的实用主义者，说他们的成果充满了学究气，毫无新意，完全丧失了实用主义的原本意义。也正是在这篇文章里，詹姆士借用帕皮尼的走廊比喻，把实用主义描述为一种"走廊理论"："它就像旅馆里的走廊，有很多扇通向各个房间的门。打开一个房间，你可能看到有人正跪在地上祈祷重获信仰；打开另一个房间，你可能发现里面坐着一位渴望毁灭所有形而上学的破坏者；打开第三个房间，里面可能是一个实验室，某位研究者正在寻找新的支点以构建新的理论。然而，这条走廊属于所有人，任何走进房间的人都必须经过这条走廊。"作为一名激进的实用主义者，帕皮尼认为"一切形式的人类生活的共同标准是：寻求借以行动的工具，或者说，寻求行动的力量"，人是一种创造性的存在。如此，人在某种意义上也成了神。帕皮尼还在一篇题为《从人到神》(From Man to God) 的文章中讨论了人的边界问题。对于这种对实用主义的极端发挥，詹姆士似乎也表现出了一定的宽容和理解。

1904年12月，詹姆士在《哲学、心理学与科学研究方法》上发表了另外一篇重要论文《实用主义的方法》。相较于后来的《实用主义》，这篇文章表达的实用主义思想也许还不够成熟，因为作为其实用主义之形而上学背景的极端经验主义尚未成形。这篇文章的落脚点仍然是我们看待哲学的根本性态度，强调哲学命题的意义在于它所产生的实际后果。若两个看似彼此冲突的哲学命题在实践层面并无区别，那么它们的分歧就是虚假的。詹姆士认为，哲学史上有很多争论属于这种情况。"不会在实践层面引发区别的区别不是真正的区别——抽象真理之间的差异必然表达为具体事实的差异，对具体事实造成不同的实际后果……假如这种或那种关于世界的描述是真的，哲学的全部功能应该在于，发现它在确定的生活场景下，将对你我造成什么样的影响。"

詹姆士基于这种态度重新评估了两个重要的哲学争论：一个是唯物主义和有神论之间的争论；另一个是"一"与"多"之间的形而上学争论。对于第一个问题，詹姆士首先假设了一个即将走向终结和没有未来的世界。在这种情况下，"物质"和"上帝"具有同等的地位，只是同一个对象的不同称谓。"世界就在那里，不可消除，就像一个无法被收回的礼物。把物质视为其成因，不会撤回其中任何一个东西；把上帝视为其成因，也不会增加任何一个东西。"詹姆士指出，"唯物主义和有神论的真正意义在于，它们在情感和实践方面具有不同的吸引力，决定着我们看待希望和期待的具体态度，以及其他一切可能带来的不同后果——不是物质抽象的内在本质，或者上帝的形而上学属性。"詹姆士反对抽象的神学理论，"使宗教得以维系的不是抽象的概念体系，不是神学教授所了解的东西，而是各种具体宗教经验所产生的后效，它们与人们的感觉和行为相关，永远在卑微的私人生活中进行自我更新。"在第二个哲学问题上，詹姆士的态度相对谨慎，尽管他认为"从实践的角度来看，世界不是'一'"，只是强调"实用主义的原则有可能帮助我们澄清一元论和多元论在统一性问题上的争论……以公正的方式解决争议，在'多'和'一'之间达成某种合理的妥协"。詹姆士最后还把实用主义的精神追溯至英国经验主义的传统，认为"哲学史没有沿着这条路走下来，是一件很可悲的事情……哲学发展的真正路线可以不经过康德到达我们现在站的位置"。

《疯了的绝对》(The Mad Absolute) 是詹姆士于1906年针对一元论者戈尔（Willard Clark Gore）的辩护所作的一篇短评。戈尔认为"完整形态的绝对有着非常完美的理智"，人只是这种绝对的碎片化存在。詹姆士的论点在于，既然人是这种完美绝对的一部分，那么人有可能失去理智或陷入疯狂状态，意味着绝对可以陷入疯狂，这与绝对的完美性相冲突。这一点类似于"上帝与恶"的问题。

在1910年的《布拉德利或柏格森？》（*Bradley or Bergson?*）中，詹姆士对柏格森和布拉德利的哲学立场做了一个简短的比较。在他看来，二人都反对观念论的传统，后者认为"感觉从一开始就是不连续的，其连续性是通过理性运用各种综合性概念'编织'出来的"。基于这种信念，他们都对"概念"持一种不信任的态度，认为"概念只会带来误解而不是理解，它们把我们遇到的'实在'转变成一种被'思维'的'现象'"。区别在于，柏格森彻底抛弃了概念，把知觉完完整整地引入哲学，将其视为一种无法被任何东西替换的材料。布拉德利则认为，"原始的直接感觉永远不可能成为'真理'的一部分"，于是孤注一掷地选择了一条通过观念寻找真理的"哲学之路"，而不是以感觉为基础的"生活之路"。对布拉德利的选择，詹姆士说道："布拉德利先生的理由别无其他，只是出于对经验主义长期以来的偏见""我能够想到的唯一动机是知识分子对普遍对象的执念。相较于感官的具体对象，普遍对象更加高贵和崇高、更加合乎理性。它们远离感觉，认为它们更高尚的心灵总是把它们放在首位。根据这种观点，不进入生活比进入生活更加高尚。"詹姆士明确表示了对柏格森和生活之路的支持。

在同年的《关于神秘主义的一点看法》（*A Suggestion about Mysticism*）中，詹姆士基于自己的四种不同寻常的意识经验，尝试着为神秘主义意识经验的发生提供一种解释理论。他认为，"在意识的中心区域和边缘地带之间不存在明确的界限，边境本身也没有明确的界限。就像我们的视野，眼睛稍微移动，视野就会得到扩展，揭示一直在那儿等待着被发现的对象。类似地，我认为阈值（Threshold）的降低可以让潜意识的记忆、概念、情感方面的感觉以及对关系的知觉等，一下子被看到；假如这条环绕当下感觉一团块的边线所扩展的领地足够大，且里面的东西没有单独地引起我们的注意，那么我们就可以获得某种在本质上与神秘主义相符的意识体验。"

《一位伟大的法国哲学家在哈佛》（*A Great French Philosopher at Harvard*）是詹姆士的一篇讲座致辞，文中介绍了法国哲学家埃米尔·布特鲁（Emile Boutroux）在哈佛大学所开设课程的核心内容。詹姆士对布特鲁的哲学思想表达了高度的赞赏，把他视为实用主义的先驱之一。

有意思的是，詹姆士在致辞中批评哈佛大学哲学专业的师生参与讲座的积极性不高，这个场景在100年后的今天仍然让人觉得很熟悉。

《一位多元论的神秘主义者》（*A Pluralistic Mystic*）是詹姆士生前发表的最后一篇文章。客观地说，此文的内容和詹姆士本人的哲学思想没有直接的关系。文中大量引用了一位不知名的作家本杰明·保罗·布拉德（Benjamin Paul Blood）的诗歌及代表作《麻醉状态下的启示》（*Anaesthetic Revelation*），此人的表达"不够连贯，是格言和神谕式的，而且在方式上有时候用辩证法，有时候像写诗，有时候走神秘主义路线"。詹姆士写作此文的目的，一方面，可能是想让布拉德得到更多的关注。"我一直认为，一位好的读者有责任分享自己的阅读乐趣，向其他读者推荐虽默默无名但水平极高的作者。"另一方面，在詹姆士的解读之中，布拉德借助麻醉剂带来的神秘主义体验，从最初的极端一元论者转变成一名多元论者，强调直接经验的价值和重要性，这一点与他的极端经验主义是一致的。

学术著作的翻译从来不是一件轻松的工作，尤其是像威廉·詹姆士这样的哲学家，兼具哲学家的睿智和文学家的文采，其著作既有明晰性，又有生动性，笔锋犀利。

本书的翻译与出版得到了王成兵教授主持的国家社科基金重大项目"《威廉·詹姆士哲学文集》翻译与研究（17ZDA032）"的支持，属于该项目的研究成果之一。希望本书的出版能够为国内学界研究威廉·詹姆士带来帮助。当然，书中难免有疏漏之处，责任全在译者，希望读者批评指正。

吴杨义　邱　娟

桂林·雁山·桂林理工大学

目 录

美国大学里的哲学教育……………………………………001
评斯宾塞对心灵的定义：作为"适应"产物的心灵………005
理性的情感…………………………………………………017
布拉德利先生论"直接的相似性"…………………………044
直接的相似性………………………………………………048
把事物作为一个整体来认识………………………………050
赫伯特·斯宾塞辞世………………………………………065
给保尔森《哲学导论》作的序……………………………070
"实用主义"：给鲍德温《哲学与心理学词典》写的词条……074
"经验"：给鲍德温《哲学与心理学词典》写的词条………075
芝加哥学派…………………………………………………076
赫伯特·斯宾塞……………………………………………080
实用主义的原则……………………………………………093
给哈格尔德·霍夫丁《哲学问题》作的序…………………107
帕皮尼和意大利的实用主义运动…………………………111
疯了的"绝对"………………………………………………116
布拉德利或柏格森…………………………………………118
关于神秘主义的一点看法…………………………………123
一位伟大的法国哲学家在哈佛……………………………130
一位多元论的神秘主义者…………………………………136
译名对照表…………………………………………………149

美国大学里的哲学教育

上一期的《国家》杂志刊登了一封有趣的读者来信，信中也谈到了这个话题。不用说，我们完全赞同信中的观点。他所谴责的问题一直存在，现在也是。一般说来，高等学校中的哲学教育掌握在校长手中，校长通常也是一名宗教人士。由于他们更多的是凭借出众的管理能力和个人品格获得了校长的职位，而不是凭借某种特殊的天赋或爱好，所以在他们的教育理念当中，"安全"是第一位的。他们的课堂更加侧重教化而非启蒙，松散随意的课程设置和死气沉沉的讨论，没有让求知若渴的年轻人学会反思这个世界以及我们在它当中的位置，反而起到了负面作用。在德国，似乎是对这个国家长期政治奴役的一种补偿，他们的哲学思考始终没有受到教会的影响。相反，在英国和美国，对政治和现实问题的思考一直很自由，对形而上学的思考却始终受到了宗教传统的干扰，要么不遗余力地使其与自己相吻合，要么对其进行打压，尤其是具有怀疑论倾向的哲学观点。简言之，哲学问题的表达形式及相关的讨论太容易受到教会的影响。英国已经开始逐渐摆脱这种局面，但除非我们彻底从传统的大学体制解放出来，否则哲学思想不会有真正的发展。

不是说我们已经预判到最终的哲学立场与基督教传统是敌是友。我们所要求的，是像希腊人和德国人那样，可以自由地进行讨论和批判，不受官方立场的影响。目前，对官方答案的敬畏或厌恶已然预先影响了人们的立场，以《大众科学月刊》（Popular Science Monthly）为代表的自由思想沦落到了肤浅之极的地步，甚至还不如唯灵论体系的"精神科学"教科书有内容。我们一方面要研究问题，另一方面要提防敌人或立法者。处于如此境地，恐怕难有作为。

假如大学的主要作用是为年轻人提供广阔的精神视野和灵活的思考方式，而不仅仅是特定的技能训练，那么，可以说哲学（取其宽泛意义，如前一位致信人所言）是大学课程中最重要的学科。一个人不论对当前的普遍真理持何种怀疑态度（为了使我们的立场更加突出，这里说的是极端的实证主义立场），他也很难否定学习哲学的价值，哲学让我们总是可以看到另一种可能性，不以习俗为理所当然，看到它的可变性，勇于探索心灵的未知领域。一句话，哲学意味着掌握一种精神视角。莎士比亚笔下的小丑试金石提出的问题："牧羊人，你也懂得一些哲学吗？"这是一道永恒的考题。它在追问你的内心是否有足够的自由空间，或者追问当你与同伴谈话时，你想用自己的无知让他们感到窒息吗？假如大学想要塑造的是人而非机器，那么它们就应该把哲学的作用放在首位。事实上，这里涉及各所大学面临的一个现实问题，即要不要强制学习希腊语的问题。在哲学训练中，希腊语不仅仅是一种语言，还包含着重要的人文价值。通过它，大学生可以接触到一种不同于现实生活的人类生活，并真实地感受到它的价值。这就是哲学教育与技工教育的区别。以自由、哲学的方式传授各个学科的知识，希腊语就不再不可或缺；以干巴巴和程序性的方式讲授希腊语，并不比哥特式的教学更有效。因此，学习希腊语的问题取决于哲学教育问题。斯坦利·霍尔还谈到了"哲学体系在历史、政治和法律中的应用"，但愿他的意思不是说要在普通的历史、政治和法律课程中分别应用这种方法，这就类似于把一个人从城市里拉出来，把他关在一座单独的房子里。所有的学科必须一开始就以哲学的方式进行传授，使其沉浸在自由精神之中，尽可能受到好的影响。

哲学意味着人类对自身与宇宙之关系的反思，哲学教育的本质是培养学生提出问题的精神。现成的学说不是最重要的，关键在于，学生们要从教师那里领会活生生的哲学态度，以独立和个人的方式看待一切生活现象，并渴望将其融会贯通。青年时期正是形而上学的冲动迸发的年纪，有人说它在人30岁之后就消失了。斯坦利·霍尔隐晦地提到，此类研究"据说不受欢迎"。我们深信，这种推断是错误的，尽管它的教育方式非常呆板。一位大学图书馆的管理员告诉我们，形而上学阅读间的访问量是其他学科阅读间访问量的两倍。他所在的图书馆是全国最大的大学图书馆之一。我们十分确信，这属于正常现象。

很可能，让斯坦利·霍尔和我们感到遗憾的不幸处境正处于变革的前夕。物理科学的发展已经变得如此无畏，同时又赢得了权威。不管愿不愿意，所有其他学科都不得不进行自我清算，和它达成某种一致。所有报纸和杂志都表现出一种变化的征兆，某些东西正在发酵。于是，"人是什么？"再次成为一个尖锐和紧迫的问题。在这种氛围之下，出现了很多新的论文，试图回答这个问题。昏昏欲睡的神学博士很快就会从讲台上惊醒，对出现在身边且可能挑战其权威的新骚乱感到不安，最终被更具革新意识的新教师所取代。"在英国和德国出现的奇迹般的新发展"不论具有何种内在价值，至少在公众眼中具有足够的声望，因而可以产生这样的影响。费希纳（Gustav Fechner）的心理物理规律（感觉与刺激的对数成正比）是否具有重要的心理学价值，这一点非常可疑；亥姆霍兹（Hermann Von Helmholtz）的"无意识推理"也并非知觉研究的最终结论。但是，因为这些东西看上去非常难、非常"科学"，即便无法理解，人们仍然会相信它们很重要，因而错误地信任那些并未真正理解和吸收它们的鼓吹者。事实上，有些大众化的哲学著作已经开始叫卖费希纳的心理物理规律，它们的作者虽然对此一窍不通，但相信它一定极其重要。不过，不管这些发现是否重要，有一点可以确定，即它涉及一种方法上的变革以及哲学研究者的更替。要从根本上批判此类"新发现"，一个人必须接受完整的心理学训练。所以我们看到，德国的莱比锡大学把它最重要的哲学讲席给了杰出的生理学家冯特（Wilhelm Wundt）。形而上学家麦克考博士（Dr. Mccosh）写道："形而上学家必须进入生理学的领域，在力所能及的情况下展开研究；他至少应该掌握已经确定的事实，且一定不能把关于神经系统和大脑的研究交给那些无法超越……自身感官的人。"

简言之，哲学应该像莫里哀（Molière）那样，在自己的领域有自己的主张。在今天的物理学和自然史领域，哲学发现了大量相关的认识，它一定要且一定会进行相应的自我革新。那些有志于学习哲学专业并认识到这一点的年轻人，用不了多少年，就会看到有很多职位在等着他们发挥自己的专长。与此同时，假如哈佛大学（Harvard College）宣布学生们将于明年在各位教授的指导下学习下列著作——洛克的《人类理解论》、康德的《批判》系列、叔本华和哈特曼（Von Hartmann）的著作、沙德沃思·霍奇森（Shadworth Hodgson）的《实践理论》（*Theory of Practice*）以及斯宾塞的《心理学原理》——我们也无须抱怨学术研究停滞不前，因为它们在今天仍有其价值。

评斯宾塞对心灵的定义：
作为"适应"产物的心灵

也许可以说，在今天这样一个让读者头疼的年代，应该拒绝任何纯批判性的写作。即使面对最有力的批判，真假参半的意见一般也不会退缩，除非真理现身。不过，这样一来，批判也就没有必要了。然而，事情总有例外。"什么！"伏尔泰在被指控没有提供替代物来替代他所批判的基督教之时惊呼道，"我把你从猛兽嘴里救出来，你问我拿什么来替代它！"（Je vous délivre d'une bête féroce, et vous me demandez par quoi je la remplace！）即便不把斯宾塞对心灵的定义比喻为基督教或猛兽，也可以确定，它会导致非常深远且在某种意义上有害的后果。很可能，大量订阅了《大众科学月刊》和《自然》（Nature）的读者以及仅仅知道斯宾塞这位哲学家的人，会失去冷静而为之着迷，丝毫看不到可能的后果。

斯宾塞提出的原理，其缺陷是如此之明显，以至于我都怀疑它没有经过仔细的检验。在《心理学原理》的第3部分，斯宾塞一开始就假设，关于心理进化最重要的事实应当与生命的进化相关，因而生命的定义——"调整内部以适应外部关系"——也涵盖了"心理进化的全部过程"。在接下来的几章里，他详尽地说明了不同级别的心理状态是如何通过这种调整得到表达的。有时候，他把这种调整称为"适应"，涉及空间、时间、特性、共性和完整性等因素。水螅的触须只会对即时的刺激做出收缩反应，且每一次反应都差不多；哺乳动物懂得储存一天甚至一个季节的食物；鸟类懂得迁徙到数百英里之外；原始人知道把箭头磨锋利，以待来年的狩猎活动；天文学家带着各种设备跑到数千英里之外的某个点，在那里待上一整天，争分夺秒地观察金星凌日或日食。

　　斯宾塞在这几章里给出了大量简单案例。单一的框架内部包含着如此多的细节，难怪不走心的读者一般对这几章的印象最深刻。但是，只要稍加检查，就会发现里面的结论站不住脚。首先我们可以问，一种试图解释"心理进化的全部过程"的专业理论怎么能够只考察认知现象而忽略所有的情感、所有的美学冲动、所有的宗教情感和个人喜好？确定外在的事实不过是心理活动众多功能中的一种，它不仅包含纯粹的认知判断或事实判断——判断事物存在与否，还包含无数情感判断，如判断事物应不应该存在的理想判断。在我们的精神生活当中，有无数关于好坏的选择判断，有无数涉及喜恶的情感判断。没有情感判断，我们就不懂得笑话的幽默，没有理由去这个而不是那个剧院，没有理由费尽心力照顾自己的孩子而不是邻居的孩子；没有情感判断，我们就不会期待放假，不会向外国友人表现出最好的礼仪，或者向教堂支付婚礼租金；没有情感判断，我们只会简单地认知事实，不会想着让自己的行为包含些许优雅的东西，在众多可能的事实中选择其中一种事实作为自己的理想。一句话，心灵事实上涵盖了所有的法则，如逻辑、想象、智慧、品位、礼仪、美貌、道德等，而不仅仅是对事实的感知。常识往往基于一系列的标准来评估人们的心理能力，这些标准鲜少对应现实中的事物——它们属于理想化的准则，纯粹是由主体的兴趣（Interests）决定的。因此，从数量上来考虑，斯宾塞的定义和心灵的广阔领域不相符。的确，他在《心理学原理》的最后一部分费了很多工夫来处理此类理想判断——事实上这部分工作在我看来是全书做得最好的工作——但其处理方式和斯宾塞关于心理进化的整体阐述不一致，和所谓的"适应"概念没有关系。

　　我想，大部分读者也不希望斯宾塞的普遍规律是对的，因为它意味着我们不得不放弃自然科学、历史和统计学之外的所有知识（指作为"精神产物"的知识）。让我们来考察一下，为什么说斯宾塞先生的论证是错的。

它的逻辑是这样的：随着心理状态的发展，每个过程都变得越来越复杂，偶然的和衍生的条件越来越多，最初的简单性被掩盖，于是发掘其本质形式的唯一方法就是追溯其最初的起源，那儿有其真正的性质，纯净无污染。宗教、美学以及伦理判断，皆产生于进化过程，我们因此变得不凡，但这些判断也可能脱离了进化的主干，与智能无关。泰勒先生（Mr. Tylor）也有类似的主张，他说："对于一个概念，说明了它的起源，也就说明了它的合法性。"因此，别无他法，唯有诉诸水螅或其他某种尚未进化出智能的生物，我们才可以把握问题的根源与核心。

只要看到了这一点，读者很快就会提出各种反对意见。首先，斯宾塞的一般性原则有可能带来一个荒谬的结论。假如诉诸胚胎学就足以让我们看到事物的真正本质，假如人类心灵的进化规律体现在水螅身上，因为它出现的时间最早，那么我们应该往前追溯到什么时候呢？回到我们还没有进化成水螅的时候？回到宇宙最初的混沌状态？到那里去追寻实在，所有的思想都将被还原为虚无。斯宾塞先生很可能不会把这个结论视为对自身原则的否定，因为它可以与其不可知论相容；考虑问题不是那么全面的人也可能会感到犹豫。然而，暂时搁置原则性的问题，让我们假设，水螅的思维相对于人类的思维更加纯粹。这样一来，通过研究水螅，真的可以让我们得出斯宾塞的适应原理吗？假如这条原理意味着心灵包含无私的科学、好奇心，或者认知意义的"适应"，没有任何自私的目的，水螅可不符合要求。它是最狭隘的目的论的有机体，趋利避害，对科学、道德和美学一无所知，对外部刺激做出反应的唯一目的是自我保全。

到这里，我们不得不追问斯宾塞的"适应"概念究竟是指何意。他没有给出解释，其含义模糊不清。每种事物都和其他事物共存于同一个世界，相互适应。既然"适应"原理最初源自生物学，那么我们也许可以在他的论文中找到对这个概念的生物学定义。然而希望再次落空，他只给出了一系列近义词。内在关系被"调整""符合""适应"外在关系，与外在环境"产生联系"。前者必须"满足"后者，或者与其"保持平衡"。二者必须保持"协调"或"和谐"。或者说，有机体必须"中和"环境的变化。然而，这些概念同样含义不明。我们也可以说，狐狸与追捕它的猎犬及猎人的关系得到了很好的"调整";石灰岩的每个颗粒都"满足"腐蚀它的酸;人体特别"符合"寄生其中的旋毛虫或斑疹伤寒的毒害;森林和烧光它们的大火无比的"和谐"。显然,这些概念的含义应该得到进一步的细化。斯宾塞先生没有做到这一点,却到处使用这条原则。

斯宾塞的言下之意,是说衡量心理行为的标准应当是它对生存或身体状况所造成的影响。用他的话来说,一只扑进烛火的飞蛾未能与其环境相"符合"(第1卷,第409页)。但显然,在这种意义上,纯粹的认知推理——从感知到光推断出热量的存在——不构成所谓的"适应"。若一只飞蛾在感知到光的时候,虽然没有形成相应的热量图像,但隐约害怕接近光源,这才叫"适应"。因此,将斯宾塞的原则加以细化,它应该是这样的:"适当或智能的心理行为在于建立和外在关系相对应的内在关系,做出有利于生存的反应,或至少有利于心理主体的生理状况。"

这个定义很清晰,但显然是一个目的论的定义。它清晰地区分了简单纯粹的心理行为和正确的心理行为;此外,它还为后者确立了一条标准,一种理想化的目的,即生理上的繁荣或生存。然而,这个目的纯粹是动物的一种主观兴趣,没有任何现成的关系与之相对应。斯宾塞似乎认为,不符合这条标准的心理行为就是错误的,算不上智能;不满足这个目的的心理行为就不符合适应准则。① 然而,"适应"本身却没有任何外在的东西与之相适应,它所指向的仅仅是一种未来的可能性,或者更准确地说,是一种希望实现的未来可能性。它纯粹是理想化的,裁定、主导和决定着内在与外在之间所有的适应关系。也就是说,单纯地适应外在世界,不足以构成心理行为的基础。斯宾塞先生之所以忽略了定义中最重要的内容,很可能是因为它涉及主观的自发性(Subjective

---

① 这些兴趣事实上构成了认知活动的先天条件。说动物的快乐和痛苦与适应无关,我的意思不过是说,之于内在的心理感觉,环境中可能存在大量中性的外在关联物,"适应"关系已然存在。但是现在,假定有人特别看重快乐,有人特别在意痛苦,这种情况则超越了"适应"概念,不存在与之相对应的外在相关物。反过来,它会立即对适应关系进行如下调整:挑出那些让人快乐和感兴趣的东西,进一步强化与它们的联系,忽视或压制那些让人不快或无趣的东西。于是,快乐和痛苦在一定程度上影响着心灵的发展方向。内在兴趣优先于外在关系。假定一条狗或一个原始人对外在环境中的诸多关系没有任何反应,你如何才能改变这一点呢?除非你首先在他们内心唤起一种兴趣——或者说,让他们在某种模式的认知实践中感受到认知的乐趣。因此,兴趣是一种根本性的心理因素,要想说明心理的进化过程,绝对不能忽视兴趣的作用。

Spontaneity）。在他看来，心灵是一种纯被动的产物，必然产生于非精神性的东西。若赋予它主导权，在进化过程中引入独立的兴趣主导适应关系，这似乎与进化的概念相冲突，后者在任何时候都不允许引入严格意义上的新因素。在某种意义上，生存兴趣的确引入了这种因素，我们后面会看到。在我看来，它所导致的外在结果都可以通过非精神性的术语得到表达。表面上的精神目的论的气质，似乎让斯宾塞先生受到了惊吓，而没有对事实进行严肃认真的检查。不过，暂时让我们接受他的胆怯，假定心理进化的重心始终是生存。

如此，心理发展在最完美和理想化的状态下，会具有极好的认知天赋，任何风吹草动都逃不过它的感知能力，一切都在它的预料之中；外在环境再复杂，也不会超过它的掌控能力。然而，所有的这些天赋，都取决于它对生命的激情，取决于它不惜任何代价都要生存下去的意愿。这种决心是它生活的动力所在，并通过有意识的思维成为一种执念，充分运用有机体的各种能力；一旦有所懈怠，这种决心就会鞭策它继续前行。毫无疑问，若尘世间真有这样的生物有机体，仅以种族的自我保持为目的，且身具最完美的认知天赋，它们很快就会成为地球的主宰。一切已知的人类民族都将在它们面前枯萎，在征服的铁蹄之下化为尘埃。

斯宾塞先生会不会真心为这种心灵的降临感到高兴呢？当然不会。在人类的常识中，它只会让人惊慌失色。人类常识为什么痛恨这种存在呢？为什么希望自己的精神理想具有更丰富的自然天性呢？理由很简单，根据常识，生存只是人类诸种兴趣中的一种——尽管是最重要的一种（Primus Inter Pares），但仍然只是其中之一。其他还有哪些兴趣呢？大部分人会回答说，它们是所有让生存值得守护的东西。各种社会情感、各种形式的游戏、令人兴奋的艺术体验、哲学沉思的乐趣、宗教情感、道德认同的快乐、幻想和智慧的魅力，使生存或存在可以被忍受。有些人利用某种特殊的才能来满足这些欲望，他们的心理结构与外在世界的关系在某些方面也许不正常，但得到了其他人的保护。说书人、音乐家、神学家、演员，甚至是有魅力的普通人，从不缺乏支持，不论他们个人适应外在世界的自然力量是多么的薄弱。理由很简单，人作为一种社会存在，他人的兴趣构成了个体的生存环境。只要个人能力与社会环境的需求相符合，就可以生存，即便他或她无法适应自然或"外在的"环境。显然，这些需求纯粹是主观性的理想，没有任何外在的对应物。因此，考虑到个体的生存，我们有必要进一步修改斯宾塞的生存准则，扩展环境的内涵，使其不仅包括自然存在物，还包含理想型的需求。如此，它可能是这样的："个体心灵的优势在于，使内在关系尽可能地适应外在的自然事实和其他社会成员的理想型需求，目的是促进个体的生存或生理上的繁荣。"

然而，针对这一点，依然会有人提出反对意见。人类渴望个体成员所拥有的某些素质与最大化的个体生存机会相冲突。英雄们行事果敢，慷慨大方，公正无私，但这些素质无疑降低了他们的生存概率。那为什么我们所有人都赞扬和热爱他们呢？理由很简单，轻率的勇气、骄傲和殉道精神虽然毁掉了个体，却捍卫了社会共同体的利益。"牺牲的是个人，成就的是全体。"我们热爱英雄的兴趣直接和我们的生存相关，尽管和英雄本人的生存无关。

承认社会共同体的生存兴趣，可以解释个体很多看似与生存无关甚至相冲突的兴趣。这一点也使斯宾塞主义的准则更加简单和统一。斯宾塞的支持者可能会想，也许所有和生存兴趣共存的理想型兴趣——美学、哲学、神学及其他——都构成了个体的外在环境，它们间接关系到共同体整体的生存。客观的科学认知欲、追求融贯性的哲学热情，对奢华和美的渴望、对乐趣的追求，作为一种心理过程，也许都具有适应的意义；更准确地说，它们也许可以带来功利主义的附加效果。良知、彻底性、纯洁性、真理的爱、遵纪守法、好奇心和热衷于新鲜事物，这些品质尽管看似与智能无关，但可能构成一般性精神能力的标志；没有它们，也许就无法战胜自然和其他的人类竞争者。胜利意味着生存，生存的标准就是有智慧的"适应"。这些品质尽管没有在根本性的心灵规律中得到表达，但是可以被斯宾塞理解为一种推论或次要结论。

到这里，我们必须与斯宾塞先生分道扬镳，不再对他的定义进行善意的补充和诠释。明显可以看出，相较于前面假设的以种族自保为唯一目的的心灵，一种必须通过次要兴趣才能得到充分保障生存兴趣的心灵，其生存能力远远低于前者。

欺骗自己偏离主要目的，有意识地满足其他各种愿望之后，再付出各种努力达成目标，如此行事方式，可算不上智能。

假如有一座熔炉，在生产钢铁的时候必须生成15种炉渣；一台刨机，每天的刨花量必须远远超出木板的数量。这样的机器即便能造出来，并消耗更多的能量，其效率也远远不如正常的机器。假如生存是衡量心理能力的唯一标准，那么奢华与享乐，对于莎士比亚、贝多芬、柏拉图和马可·奥里利乌斯（Marcus Aurelius），对于恒星光谱学、硅藻标记实验以及星云假说都是屠龙术，耗费了极大的精力却无用武之地。矿渣堆得太高——它消耗的能量比它贡献的能量还要多。每名严肃的进化论者都应该致力减少此类边缘兴趣，将精力投入更加审慎的事业中。

于是，我们面临三种选择：一种观点认为心理进化的原则是生存；另一种观点认为心理进化的标准是丰富性；第三种观点认为思维的本质是对事实的纯粹认知。谁来决定对错呢？裁判员必须提出自己的判断标准，可这种标准同样是主观的和个人的。但不管怎么样，要想衡量不同心理行为的价值，我们一定要找到一个标准。

不知道读者有没有看到，斯宾塞的原则之所以难以成立，是因为它实际上是一条规范性法则（Regulative Law），而不是构成性法则（Constitutive Law），且他没有坦率地说明这一点。每条关于心灵的法则，要么是一条关于思维成果（Cogitatum）的规律，要么是一条关于所思对象（Cogitandum）的规律。假如它所分析的是我们的思维成果，那么它应该既包括形而上学、神话以及反映现实环境的科学真理，也涵盖没有意义和价值的错误认识。但这种规律已经众所周知，它不过是将相关概念按照各自的模式联合在一起。霍奇森在《时间与空间》（Time and Space）的第5章添加了"兴趣"这个目的论的因素，使这种联合得到了最完美的体现。

斯宾塞先生的原则显然不属于此类规律，这一点体现在，他在第1卷中讨论"联系的可关联性"（Associability of Relations）时，试图从头开始构建这样一条规律。在那里，斯宾塞试图借助时间和空间的统觉，依据相似性对各种联系进行压缩，来解释心理事实，只是整个过程让人摸不着头脑。

大家一般默认，正确的思维是与实在（Reality）相符合的思维。但斯宾塞说，正确的思维是与现存外部关系相一致的思维。这意味着，斯宾塞试图解释实在是什么。换言之，在一个看似有条理的定义之下，他偷偷引入了另一个非常重要的概念的定义。斯多亚学派认为与自然和谐相处（Vivere Convenienter Nature）是一条心灵的法则，实在即本真的自然；基督徒认为心灵的法则是发现上帝的意志，使其行为与之相一致，上帝意志即实在。事实上，"什么是实在？"这是每个时代的哲学家都想回答的问题，目的是确保我们的思维与之相符；怀疑论者认为这个问题不可解。此时此刻，这个世界上所有的思想和观点上的冲突，都以特定的方式与这个问题发生联系。因此，像斯宾塞先生这样不加讨论就草率地给出定义——搞突袭，先发制人——可不符合哲学家的风格。对实在的定义不可以遮遮掩掩，必须单独拿出来，随时准备接受挑战，像其他思维规范那样为自己解释和辩护。

我们已经看到，他在这个问题上态度摇摆。有时候，他认为科学思维不过是对外在自然的被动反映，是一种记录性的认知；有时候，他似乎又认为思维的唯一目的是生存。让我们首先来看第二个立场，他用水螅的案例来支持这一点："我们必须生存——这个目的必须规范和约束我们所有的思维。"那位对塔列朗（Talleyrand）说"我必须活着！"（Il faut bien que je vive!）的穷人表达了同样的意思；塔列朗的冷酷回应"我没有看到这个必要！"（Je n'en vois pas la necessité）瞬间让他无言以对。一般而言，生存是一种纯粹的目的论主张，和其他的目的论主张一样。你不可能向一个决定自杀和只想逃避的人证明这一点，也不可能和一名佛教徒或德国悲观主义者发生争论，因为他们完全理解这种欲望的力量，但同时深信它在本质上是错误的和虚幻的。同样，假如你对一名基督徒或信奉简单教义的人说世界的终极意义是道德，也注定徒劳无功，因为他们相信适应外在世界——世俗的成功和生存——不是唯一的绝对目的。对于他们而言，开启真相的真正钥匙藏在一种失败的适应中——或斯宾塞所说的垃圾堆中——而这个真相就是"外在现实不是存在的全部"。

现在再来考虑他的第一种态度，即认为认知是智能的终极目标。但即便在这种情况下，固执的土耳其法官也可能在发掘了尼尼微城（Nineveh）的考古学家莱亚德（Layard）面前赞美上帝，批评莱亚德，说他寻找的是自己不需要的东西，并反问："你是书读多了，吃饱了撑的？"假如一个人从中获得了乐趣，很可能会拒绝从愚蠢的神智学（Theosophy）和神秘主义的天堂中挣脱出来，不论你如何呼喊（毕竟，你的真知和我的虔诚，都缺乏足够的依据将各自眼中好的东西强塞给对方，没有谁比谁更有优势）。此外，在具有丰富心理特性的普通人看来，这种统计和认知意义上的智能必然极其狭隘、枯燥和无聊，让人难以忍受。

真相似乎是，每个人都可以树立正确或优秀的个人标准；不同标准之间彼此不一定相容——不论是源自水螅还是某种超验性的根源——它们之间的冲突只能交给它们自己去解决。至少，它们的合法性必须以整体经验的一致性为基础。谁的适用范围最广，谁就为真。但是，它必须通过反复锤炼才能确定，而不能仅仅给出一个先天的定义。每个人都可以预先下结论，但每个人的结论都靠不住。斯宾塞说："向现实低头。"斯温伯恩（Swinburne）不屑于"和事物性质达成妥协"。我说："纵然世界毁灭，也应坚持正义。"（Fiat justitia, pereat mundus）约翰·穆勒（John Mill）说："我宁愿下地狱，也不愿意让自己听从一个邪恶的上帝。"谁能充当我们之间的仲裁人？理想主义者和经验主义者之间的冲突类似于归尔甫派（Guelphs）和吉柏林党人（Ghibellines）的分歧，但二者都有待检验。

换句话说，我们注定是目的论者，不论你是否愿意，这是一条先天性法则。我们的兴趣蕴涵着我们的立场，普遍存在于所有的心理事实当中。思维的有机体，从只知道趋利避害的水螅，到沉浸在知识乐趣的拉普拉斯（Laplace），都是彻底的目的论者。决定他们对思维的态度与价值的，不是纯粹的认知，而是一种感觉。斯宾塞和柏拉图也是如此。想不声不响地将自己的目的藏起来，这是不可能的。斯宾塞之所以选择他的"终极目标"，不管是生存保全还是纯粹的认知，仅仅是因为他更喜欢这一点，他代表了一种特殊的目的论。假如目的论会说话，也许会大声念出爱默生的诗歌《梵天》（*Brahma*）：

> 假如沾满鲜血的杀戮者认为他杀了人，
> 假如被杀戮者认为自己已然被杀，
> 就意味着他们对我不够了解，
> 我持续存在，生生不息，周而复始。
> ……
> 他们自以为摆脱了我，但其实是错的，
> 他们要想飞翔，就必须求助于我，因为我是翅膀，
> 我既是提出疑问的人，又是疑问本身。

目的论因素的无处不在，决定着心灵如何去"适应"，像一条支流那样汇入某一条精神的大河。认为这种观点离奇可怕的人，他一定会追问，我前面所说的，兴趣在某种意义上完全可能用非精神性的概念来表达，究竟是什么意思？我的意思不过是：兴趣所引发的反应或外在后果可以借助非精神性的概念得到表达。生存兴趣可以被视为一种理想化的"应然"，从一开始就发挥作用，决定着动物有机体如何做出反应。从外在的物理视角来看，它不过是动物反应的一种客观的可能性后果。假如动物的大脑偶然做出了正确的反应，它就有机会生存下来，并将经验传递给下一代。

生存绝非智能行为的先决条件，相反，生存是智能行为的一种附带结果。在这种意义上，对于智能的产生，它是偶然性的，不是工具性的。其他的兴趣同样如此，快乐和痛苦偶然产生于神经机制的工作过程。因此，它们的最终基础是非精神性的。神经中枢的个人喜好不过是一种"自发性的变异"（Spontaneous Variations），类似于达尔文进化论提到的自然变异，为进化提供选择性材料发挥作用，保证了个体生存并由此被认为具有智能的大脑，事实上和牙齿、一只手或胃一样，在同等意义上达成了目的。当我们说"这是一台智能设备"时，意味着这台设备足以保证某种目的可以达成。假如目的是上天堂而非生存，智能的含义虽然会发生改变，但无论如何，都是智能反应在先，目的在后；二者甚至不能同时出现，目的完全依赖反应，且在时间上滞后。兴趣的非精神性就体现在这里。智能和目的的关系，类似于狐狸的狡猾和野兔的速度，

相互成全。它们所蕴含的最终目的，不过是共同作用的结果。在这一点上，斯宾塞是对的，没有把兴趣视为心灵当中不可还原的最终因素。

只要是从外在的视角来描述，这种立场就是无懈可击的。最终目的只是假设性的，而非强制性的。其表达形式为：假如目的是 X，那么符合 X 的大脑功能就是智能的，就像消化功能满足消化的目的。显然，这种目的不是真正意义上的目的，只是在外在的视角下显得如此。但也不能认为器官本身对它们注定产生的结果无动于衷，不能说它们在完成其功能的同时还有另外的真正目的，只是后者不能得到保证。

在我看来，没有什么比这一点更能体现意识的内在视角和外在视角之间的本质区别。我们只能用目的论和假设性的概念描述后者，或者设想有一个旁观的心灵基于个人的目的论标准描述自己所看到的，判断其智能与否。然而，意识本身的智能不限于这种意义，它是一种有智慧的智能（Intelligent Intelligence），既提供了衡量自身的方法，又设定了衡量的标准。它自身不仅可以作为一种最终目的，还提出了最终目的。这种目的不仅是假设性的——"假如目的是生存，大脑必须据此行事"等——而且是强制性的，"因为生存是应该的，所以大脑必须据此行事！"我们似乎不可能用非精神性的概念来诠释这一点，这就是为什么我坚持认为，主观的"兴趣"在这个问题上构成了一种绝对的新因素，只要动物有机体意识到了它的存在。我们只能设想它潜伏于物理环境之中，推动或抑制客观事物的运动。

于是，我们的结论是：在思维当中，不可能找到关于思维对象的法则，没有规范性标准决定何为正确或优秀的思维。对于无懈可击的心灵，唯一可用的标准只有一条没有内容的老生常谈，即它必须正确地思维。用"符合"的概念来表达，即思维必须符合真相，至于真相是现实性的还是理想化的，这一点无法确定。

我们已经看到，用水螅的例子来说明它的现实性（事实上水螅并非如此），建立在一条不融贯的原则之上。斯宾塞提出的原理变得一文不值，且我们也无法给出任何新的原理，除了一些个人的假设、确定的信念或兴趣，而这些东西远未得到验证，还有待在时间中接受检验。在某种意义上，它们都是理想化的准则，经过筛选和淘汰之后，幸存者构成了正确的思维方式。在问题解决前，它们只是作为先入为主的见解。在生命的历练过程中，我们每个人都面临的问题是："我们可以带着它走到最后吗？"其中有些兴趣在今天已经没有争议，生存、好的生理状态以及正确的认知已经赢得了一席之地。令人奇怪的是，赫胥黎（Huxley）和克利福德（Clifford）等诸位善于质疑和思考的先生，对认知兴趣没有表现出任何的怀疑精神。他们给心灵预先设定了某种神秘的强制力，宣称心灵的终极目标是探查无尽的事实，任何违背这一点的人都是亵渎者和可耻之徒。他们几乎从未反思并意识到，对信息和知识的无私之爱、对思维之融贯性的浓情厚意（科学的温床）、对真理的无限忠诚，都属于具体形式的美学兴趣，在进化过程中与无数其他类似兴趣彼此结合，并不比后者具有先天的优越性。它们具有同等的地位。若不经过缓慢而痛苦的长期探索，我们怎么能确定，更能体现心灵价值的，是追求知识而不是追求快感。

我始终无法摆脱这种想法，即求知者不是一面飘浮在空中的镜子，被动地反映自然存在物的秩序。求知者不仅是旁观者，也是参与者，他一边参与构建真相，一边又记录着这种真相。各种心理兴趣、猜测、假设，只要它们构成了人类行为的基础——这些行为在很大程度上改变了世界——就参与了真相的构建。换言之，它们一开始就属于心灵，生来就拥有投票权。它们参与了游戏，而不仅仅是旁观游戏。它们对"应然"的判断，它们的理想，不是认知对象的赘生物，不可以被剔除。我们对自身及其他事物的终极本质知之甚少，不能武断地认为想象中的合理秩序不真实。从长期来看，只有强制效应（Coerciveness）才是实在唯一的客观标准。客观事实以及斯宾塞所说的外在关系，之所以为真，是因为它们具有强制效应。任何具备广泛的强制效应的兴趣都在同等意义上为真。就其本质而言，思维的实在性与其对我们的约束程度成比例。它的强烈程度和严肃程度——简单地说，就是它的兴趣——体现在经验的总体效果中，而不是特定的事例中。它对"应然"的判断注定以这种方式对我们构成约束，它就是我们所"适应"的对象。古人将命运的概念置于万物的基底——比神灵的概念更加基础。关于心灵，唯一的一条不容置疑的规范性法则就是："思维的命运"完全不可捉摸。

理性的情感

一

哲学家想要完成的任务是什么？他们为什么要进行哲学分析？每个人都会立即回答："他们希望获得关于事物结构的概念（Conception）"。相较于普通人混乱的碎片化概念，哲学家的概念更加理性。但假如真是这样，他们如何才能将其识别出来，不让它从眼皮底下溜走呢？答案只能是，借助某些主观性的标记，理性地将其识别出来，就像识别其他事物一样。一旦看到这些标记，他们就知道自己做到了这一点。

那么，这些标记是什么？其中之一，是一种强烈的轻松感，平静而安逸。从困惑不解到理性的通达，这种转换带来了无尽的快乐和解脱感。

不过，解脱感似乎只是一种被动的感受，仅仅意味着没有出现非理性的感受，不属于理性感受本身的特征。我们有很好的理由支持这种观点。根据最近的一些心理学理论，不论何种感觉，都依赖于生理在受阻状态下的神经冲动释放，但不是简单的神经冲动释放。例如，在我们可以自由呼吸的时候，不会感受到快乐；若因为压力过大难以喘息，这时候的自由呼吸就会带来满足感。因此，任何自由的行动都没有伴随认知活动，任何流畅的思维过程都不会有主动的感觉。只有在行动受阻或思维不畅的情况下，通过克服障碍才能带来快乐和满足感。只有在遭遇困难之时，我们才会去抗争或渴望某些东西。在享受充分的行动自由和思想自由时，我们处于一种沉醉状态，用沃尔特·惠特曼（Walt Whitman）的话来说，此时"我满足于是我所是"。我把这种当下的圆满感和绝对感——不需要任何解释或辩护——称为理性的情感。简言之，某个对象只要能够被我们流畅地思维，它在我们看来就是合乎理性的。

至于我们为何不断强调这种流畅性，在这里不能展开，因为这是一篇心理学而非伦理学的论文。就我们的目的而言，只要将其视为一个经验上的事实即可，无须一头扎进一堆纠缠不清的事实，就像我们在又高又硬的凳子和扶手椅之间肯定会选择扶手椅，在火车和没有减震设施的马车之间选择火车。

不管怎样，宇宙让我们的思维获得了这种流畅性，产生了关于理性的情感。处于这种状态中的存在自我完满，无须进一步的哲学思考。一旦有异物进入流畅的思维流，受到阻碍的心灵就会忧心忡忡，不停地展开对它的批判，试图寻找某种新的思维模式以摆脱这种非理性的情感。

现如今，有很多种方法可以获得心理上的轻松感和自由感。最常见的是习惯的力量，熟悉的观念或环境让我们感到非常自由，而一旦有新的元素介入，心中的好奇心就会被激活，试图对它们进行阐释。还有一个明显的例子是，人们往往对不符合自身欲求的东西感到焦虑，而对能够满足其主观目的的事物，不经思虑就可以接受。有一点可以作为佐证，幸福从来不会引发问题，只有不幸才会带来问题。另外，纯粹的理论思考也可以带来这样的平静。我们总是思考，为什么不同的过程会产生相同的结果，哲学总是借助各种方法力图获得最合理的世界概念，或者以最全面的方式保证不产生精神上的不适感。本文讨论的是纯理论性的理性情感。

二

世界上的诸多事实总是以多样性的方式呈现在我们眼前，但哲学渴望以一种能够带来理性情感的方式去理解它们。因此，哲学的探索就是对概念的探索。那什么是概念呢？它是一种目的论的工具，它本属于事物的局部性质，而我们基于自身的目的将其视为事物的本质特征。相较于这种特征，事物所有其他的性质在我们眼里都是偶然性的和不重要的，理所当然地被忽略。而作为概念之基础的本质是什么，取决于我们的目的是什么；目的不同，本质也随之发生改变。像石油这样的事物，在不同的人那里有不同的本质。有人把它视为一种可燃物，也有人把它当作润滑剂使用，甚至有人把它看作是一种食物。化学家认为它是一种碳氢化合物，家具制造商用它给木头上色，投机的商人将其视为一种价格随时变动的商品；煮皂工、物理学家和洗衣工都是根据自己的需求而赋予其不一样的本质。余柏威（Ueberweg）的观点非常正确，事物最有价值的特征就是它的本质特征。[1] 不过余柏威没有指出，事物的价值完全取决于思想者当下的兴趣。而且，即便他的兴趣非常明确，识别出事物当中与其紧密相关的性质，也是一件没有现成规律可循的事情。可供参考的唯一建议也帮助不大，那就是确保在满足自身目的的情况下，找到正确的性质。哈特曼（Hartmann）说道："在聪明的头脑找到正确的概念来把握观察对象之前，无数庸人都在盯着它看。"[2] 天才之所以为天才，是因为世界的"正确"特征在他们眼中非常显眼；庸人之所以为庸人，是因为他们往往迷失在偶然性之中。

叔本华也曾表达过这一点，他说直觉（指一眼就从偶然性当中识别出本质的能力）"不仅是一切知识的来源，更是一种卓越的能力……一种真正的洞察力和智慧，是关于生活的真正看法和看待事物的正确方式，是一击即中的判断。它源于人类对眼前世界的思考……拥有这种天赋的人认识世界和生活的（柏拉图主义的）理念。他能够见一叶而知深秋，窥一斑而见全豹；他能够逐步接近事物的本性，且知行合一，将其洞见体现在行为上。渐渐地，他全身上下都将散发出理性和智慧的气息。直达本质的洞察力足以赋予他这种气质，抽象的知识可没有这种效果。"[3]

---

[1] 贝恩，《逻辑》（Logic），英文版，第139页。
[2]《无意识哲学》（Philosophie des Unbewussten），第2版，第249页。
[3]《作为意志和表象的世界》（Die Welt als Wille und Vorstellung），第83页。

于是，哲学家的正确概念取决于他的兴趣，即将多方面的思维还原为一种简单的形式。这种兴趣是其他人所不具备的。哲学家们喜欢做这件事情，就像有些人喜欢玩单人纸牌游戏。所有的这些激情在某一点上彼此相似，都体现了一种关于放松的美学原则。发现混乱现象背后潜藏着单一性的事实，这种乐趣类似于音乐家将杂乱的音符整理成优美的旋律。

对心灵来说，相较于原始材料，被简化的结果更容易被掌握。于是，关于自然的哲学概念真的可以让人省心省力。最卓越的哲学激情就是力求简单，面对世界的诸种现象，满足这种激情的方式就是找出某种可以化繁为简的特征或性质，后者在哲学家看来代表着事物的本质，除此之外的所有性质都可以被忽略。

因此，哲学家的概念必须具备普适性的特征。一个概念必须具有广泛的应用范围，否则无法满足他的理论需求，带来解脱感。知道某一事物的前因后果，通常被视为一种理性认识。然而，除非其中的原因具有最大程度的适用范围，否则在哲学家眼里一文不值。其基础性概念的适用范围越广，其心灵越是能在世间诸种事实和现象当中畅通无阻。表象的变化不是真正的变化，在他眼中不过是新瓶装旧酒，换汤不换药。正如我们所知，真相可以满足心灵渴望将万事万物统一起来的激情。每个人都遇到过自己给自己画一个圆圈并拒绝出来的人，这个圆一旦成形，他们就会对大部分无法被纳入圈内的事情视而不见。事实上，一个人要想获得思想的统一性，最简单也最常用的方式就是选择性忽视。

不只是普通人如此，接下来，让我们看看这种过度膨胀的激情在一些当代哲学家身上的体现。

实体（Substance）概念最能体现他们的理想和目标。实体是潜在的"一"，统一万事万物。达朗贝尔（D'Alembert）经常被引用的名言："宇宙，在那些能够从单一的视角来拥抱她的人看来，如果允许这样说的话，是一个无与伦比的事实和伟大的真理。"表达了最抽象形式的统一性。斯宾塞先生在其《心理学原理》的第1卷第158页说："我们永远没有办法同化主观感觉和物理运动。"在第162页说："我们总是情不自禁地突兀地引入某种绝对的存在将二者衔接起来。"

今天的进化论思潮自认为可以超越历史的变化，想不惜任何代价建立一种一元论。进化论的哲学家试图表明，当前的世界和过去任何时刻的世界都具有绝对的统一性。最令人感到可怕的是，他们允许人们脱离事物的历史背景来判断它的本质。然而，在斯宾塞的体系中存在明显的漏洞，概念模糊不清，他用"初期的"（Nascent）概念来描述和解释如意识这般原始的因素，试图蒙混过关。就像《见习船员以西先生》（*Mr. Midshipman Easy*）中的女孩，为自己不负责任生下来的婴儿找合法性，说"他非常小"。尽管如此，我想斯宾塞先生也一定是所有哲学家当中最受欢迎的人，因为他比任何人都更能满足我们的理论欲望。对没有辨别能力的人来说，他的理论体系是一种诱惑；在敏锐的心灵看来，也显得颇具启发性。

刘易斯（Lewes）在某个地方说过，神经过程及伴随的感觉不是两种事物，而是同一事物的两个不同方面。与此同时，他在别处似乎也暗示过，认知感觉和被认知的外在事物（永远不同于伴随着认知行为的神经过程）也属于同一事物的两个不同方面（因而终极的"一"具有三个方面，类似于基督教的三位一体）。这种理论的出现纯粹是为了满足他的统一性需求。

不惜一切代价来成全统一性，最彻底的体现，就是黑格尔主义对矛盾律的否定，允许 A 和非 A 同一，很少有比这个问题还难的哲学问题。

三

除了对简单性的激情，还有一种相伴的激情在一些人身上——尽管人数不多——正在复苏，即热衷区分事物，喜欢熟悉局部而不是把握整体，追求知觉的明晰性和完整性，讨厌轮廓模糊和身份不明。他们喜欢将细节完整地剥离出来，越彻底越高兴。居维叶（Cuvier）与圣希莱尔（St.Hilaire）、休谟和斯宾诺莎之间的对比就体现了这种差别。相较于不合理的统一性，他们更喜欢不连贯性、突兀性和碎片化（只要各个部分的细节得以保留），认为前者不仅不能解释事实，反而会让问题变得更加复杂。

于是，是选择明晰性还是简单性，成了一个两难的理论困境，人们的哲学态度取决于这两种欲求之间的平衡。约翰·穆勒坚持认为，关于自然的终极规律，其数量不可能少于我们可识别的感觉特征。他以美学需求的名义选择明晰性。贝恩教授（Prof. Bain）说："假如构成我们的经验的最终元素是两个而不是一个，没有什么值得抱怨或不满的……我们的'不幸'不在于无法认识物质或心灵的本质和理解它们之间的统一性，而在于不得不去寻找某种不同于已知事物的东西。"① 他的动机也与此类似。所有像康德这样的理论体系构建者，所有认为原初法则不只有一条的人，所有讨厌模糊单一性的人，不管是像爱利亚学派那样强调世界是不变的，还是像赫拉克利特那样强调世界的变化，都具有这种倾向。各种根本性的感觉通过各种根本性的关系构成一个融贯的体系，构成了他们的理论休憩之所。

　　成就这种哲学需要满足一个绝对的要求，即它的根本元素必须具有可表征性（Representable）。现象被分析为感觉和关系，因果关系将两种感觉联系起来。若从感觉中抽象出因果关系，用它把所有事物统一起来，拴在第一原因（First Cause）之上，这就违背了我们根本性的思维习惯，超出了我们的想象，因为在这种抽象的因果关系中不存在可表征的东西。这就像一个人的眼睛看到一张魔术灯打出的图片，或者透过失焦的显微镜镜头观察某个物体。我们会嚷嚷着，让它更清晰一些，或者看在上帝的分上，干脆把它挪开。

　　在这里，引入实体概念，说最终的原因关系连接着实在和现象，丝毫没有帮助，因为实体是一种无法被感觉直接想象到的对象，它似乎是诸感觉之间一种特殊形式的结合——诸感觉与时间的有机结合。此类结合被表征为一种非现象性的实在（Non-Phenomenal Entities），因而很多思想家不喜欢它们。一方面，它被看作是一种我们不熟悉的存在；另一方面，它又被定义成本体性的。把感觉之间的关系理解为先验性的实在（Metempirical Entities），就会遇到这样的问题。主流的英国学派甚至否认它们的合法作用，即作为现象性的因素或"规律"，把我们的各类感

---

① 《论神秘等》（*On Mystery, etc.*），《半月谈》（*Fortnightly Review*），第 4 卷，第 394 页。

觉连接成一个融贯的整体。时间、相似性和差异性是英国经验主义者唯一能够容忍的几类现象性关系。休谟在很早之前就表达过对抽象关系的厌恶感，他在那段著名的文字中写道："假如我们接受了这些原则，那么对于图书馆里的各种哲学理论，我们可以给出怎样的批判？例如，翻开一本神学或经院哲学的著作，首先问，它是否包含任何涉及数或量的抽象推理？没有。它是否包含任何涉及事实或存在的经验推理？没有。那么就把它扔到火里吧，因为它除了诡辩和幻想，什么都没有。"①

后来有很多哲学家也表达过类似的看法。正如我们前面谈到的，过度的统一性激情可能带来不良的后果，对明晰性的渴求往往导致人们不愿意处理任何抽象物，拒绝把它们当作可以被理解的东西来对待。甚至在谈论"空间""时间""感觉""力量"等概念时，也会强加给它们一种令人生畏的神秘感。对于这些哲学家来说，任何真实的东西必须能够被表达为某种独立的"团块"。其他具体的规定性也许能够被抽象出来，但实实在在的物性（Thinghood）是一个例外。假如把这种要求应用于心理学分析，心灵之中就会充斥着"一块块的意识""一片片的情感""一个个的感觉分子""一个个思维的凝聚体""一个个的观念"，等等。

解剖学家路易斯（Luys）的《大脑》（*Le Cerveau*）就体现了这种思维方式，特别搞笑。心理生理学领域的著述泛滥成灾，就数这本书写得最差劲。西雷布瓦（P. Sièrebois）在其《实在论心理学》（*Psychologie Réaliste*）中提出，"我们的观念以分子形式存在，且一直处于运动状态……它们的机动性和气体分子的机动性相当。"有时候，我们之所以想不起某个单词，是因为它们隐藏在大脑某个遥远的角落，无法被语言肌肉够到，或者"它们失去了平时的流动性"……"这些观念分子属于大脑的物质性构成，和大脑的其他物质完全不同，可以将自身稀释成非常微小的颗粒，后者在形式和性质上与外在对象具有明显的相似性。"换言之，当我们说出"犀牛"这个单词时，真的有一些微观的"犀牛"往我们嘴里钻。

---

① 《道德、政治和文学论文集》（*Essays of the Original Contract Moral, Political and Literary*），T. H. Green and T. H. Grose eds., vol.2, London, 1875。

乔尔贝（Czolbe）的《基本知识论扩展》（*Grundzüge Einer Extensionalen Erkenntnissthe*，1875年）则比粗俗的唯物论高明得多。他把我们的观念理解为实体的一种延伸，彼此间可以相互渗透。构成它们的物质成分具有"橡皮的弹性"，在"自身磁吸力"的作用下往大脑中部"集中"，随着浓度的增加，被我们意识到。在吸引作用停止之后，观念—实体就会扩散到无限的空间之中，不再被我们意识到。

我们通过上面的案例可以看到一个非常重要的事实，不少优秀的哲学家仅仅认可现象内部的元素，专注于它们能够得到表征的现象性意义，拒绝使用具有统合作用的概念。若一种实在的属性无法在感觉中呈现，一种现象性的关系承担了实在的功能，就不会被接纳。在他们看来，相对于可表征的世界，斯宾诺莎的实体和斯宾塞的不可知物都是多余的，事物的实体性仅仅具有常识意义。现象与实体的联系，类似于具体数字和数字实体的联系。数字实体除了具体的数字，没有任何其他的东西；具体的数字可以分为质数、奇数、偶数、平方数、立方数等，这也是我们划分具体现象的方式。物理学家希望有一天可以用来解释所有事件和性质的分子运动，形成了一种特别强大的内在统合力量；泰纳（Taine）等现代哲学家在这方面走得更远，他们笔下的"无限小事件"（Infinitesimal Event）具有内在和外在两个方面。若让他们研究心理学，"灵魂"会被当作一种经院哲学的实在而被排斥在外，意识的统一性必然源自某种永恒的内在元素，后者出现在每个表征之中，将所有表征统一为一个整体；去发掘并精确地定义这种现象性的自我，将成为心理学的根本性任务之一。

统一性不能压倒明晰性，对这条原则的坚持，最生动的例子来自查尔斯·雷诺维叶（Charles Renouvier）。在其《论一般性批判》（*Essais de Critique Générale*）中，他熟练地阐述了不可被还原的思维范畴，思路非常清晰。在周刊《哲学评论》（*Philosophical Review*）上，他对进化论简化原则的批判还在继续，后者试图用"源起于"（Arise）的概念取代"是"（Are）的概念，以解释和抹除所有的区别。在进化论学派所遭遇的批评当中，雷诺维叶的批判是最有力的。差异性"由此被取代，从存在（Esse）变成了衍生之物（Fieri），这么做并不是那么理所当然吧？当我们假设所发生的一切都是一点儿、一点儿不知不觉地发生的，难道就不需要对'衍生之物'进行解释？难道它的产生是如此轻巧，就好像没有这回事一样？……假如大家想无中生有，为何不直接说出来，抛弃'没有被打断的过渡'这么一个什么也没有解释的想法？"①

四

因此，我们的第一个结论是：追求逻辑的天性让我们具有两种重要的美学需求，即统一性和明晰性；任何哲学体系，若无法满足任意一种需求，或者将其中一种需求置于另一种需求之上，都不会得到人们的普遍认可。一方面，休谟及其继承者只强调分裂和解构；另一方面，叔本华、哈特曼和斯宾塞等人仅仅专注于本体论。这两条路线都不可取。那么，我们可以找到一条可取的中间道路吗？

在研究材料之间的联系时，有一个事实让我们印象深刻，即有些联系比其他联系更加紧密。有些命题表达所谓的必然真理，有些命题表达不那么严格的结论，我们称之为经验、习俗或意外。前者似乎具有一种内在的合理性，后者则没有。二者之间的联系，不论具体是什么，似乎都是由内至外、彼此相通的。它从本质上决定着为何世界上的事实如当下这般为我们所知。如洛策（Lotze）所言："在我们的领地里，理性不满足于将表象联系起来。它总是不停地进行批判性的思考，试图将所有的表象置于一个合理的基础之上，后者承载着所有被联系起来的对象，证明它们属于一个整体。因此，它知道哪些印象虽然被放在一块，但彼此间缺乏内在的联系，哪些印象彼此间具有内在的亲缘性，因而可以在它们之间建立永恒的联系。"②

同时，也有人否认事物之间具有亲缘性或合理性的内在关系。休谟说道："我们每个清晰的知觉都是一个独立的存在，在独立的存在之间，心灵从未知觉到任何真正的联系。"③

---

① 《哲学评论》，第12卷，1877年7月，第383页。
② 《微观世界》（Mikrokosmus），第2版，第261页。
③ 《人性论》，格林（T. H. Green）和格罗斯（T.H.Grose），第559页。

休谟的追随者虽然没有休谟的勇气，但是在近代英国唯名论当中，我们发现了同样的倾向性。它将并列（Juxtaposition）作为根本性的哲学方法，将宇宙中的所有东西都搬出来进行比较。赫胥黎教授说："我知道事实，也知道规律，但所谓的必然性，不过是心灵自己想出来的。"

类似地，约翰·穆勒写道："用一条规律来解释另一条规律，相当于用一个谜代替另一个谜，一点也没有降低自然的神秘性。我们无法解释适用范围更广的规律，就像不能解释局部性的规律。所谓的解释，不过是因为一个谜为我们所熟知，其神秘性逐渐被忽视的结果，事实上它仍然没有被我们理解。这就是解释的常见用法……说规律可以通过这种方式得到说明，这种看法是错误的。"①

这些哲学家提醒我们，我们的解释在严格意义上根本不是真正的解释；我们找到的原因从未揭示对应结果的根本性质；我们从未找到内在的原因，说明为何一堆属性可以构成事物。这似乎意味着，他们知道什么是真正的解释，否则，他们怎么判断我们当前的解释是假的？

我们把握到了真正的事物吗？他们的否定有道理吗？这两个问题的答案都是肯定的。一方面，我们认为我们很容易辨别真假。我们的规律在很大程度上属于事实，事物必然具有内在的联系。整理混乱局面的哲学简化程序，其全部过程包含两个步骤，即识别（Identification）和联合（Association），两者都有助于理性获得统一性，因而都属于理论理性。不过，相关联的事物之间的合理性是对外部而言的，取决于人们的习惯。只有当事物被识别出来之后，我们才能在它们之间确立内在的和必然的联系。

统一和消除混乱的第一步是分门别类。贝恩教授说："每种具体的事物都可以根据其属性进行分类，有多少种性质，就可以被归入多少种类别。"当我们基于某种属性去设想它时，事实上就是从这个方面把它识别出来，将它和其他具有这种属性的具体事物归为一类。当我们把糖视为一种白色的事物时，它在一定程度上就和白雪具有同一性；作为一种甜的事物，它就和甘草具有同一性；作为碳氢化合物，它和淀粉具有同一

---

① 《逻辑》（Logic），第 8 版，第 549 页。

性。我们所选择的属性本身也许十分常见和乏味，但是，假如表面上看上去很不一样的事物具有这种属性，就可以被归为一类。"心灵由此获得了一种奇怪而真实的满足感……通过某种原则将各种复杂的事实加以简化并统一起来，理性由此获得了解脱和快乐。"①

月亮和苹果因为它们与地球的关系而具有同一性；呼吸和燃烧是一回事；气球上升和石头沉入水底遵循同样的规律；手掌摩擦袖子所引发的温热感和摩擦运动遵循相同的原理；兽类和鱼类的差别、父和子的差别，二者在本质上是一样的，只是程度不同；我们登山或劈柴时所消耗的力量就是阳光的力量，后者使燕麦得以生长变成我们的早餐。一想到这些，谁感受不到思想的魅力呢？

接下来让我们看看，一种属性如何发挥统一功能，和其他属性结合起来，构成所谓的普遍规律。不过，首先需要注意的一点是，很多学科目前仍然处于第一个阶段，即最简单的分类阶段。分类学仅包含基础性的概念，很少或没有与其他的概念联系起来。当我说一个人、一条蜥蜴和一只青蛙都是脊椎动物，因而具有同一性，尽管这种发现也许会让我沾沾自喜，但实际上它没有太大的用处。"花朵的所有花瓣都是树叶变成的，这个观点揭示了一条联系性的规律。现在，试着对树叶下定义，确定其本质特征，使其涵盖所有被叫作树叶的东西。你会发现，很难做到这一点，所有的特性都消失了，只剩下树叶概念的宽泛意义，即植物中轴线侧边的附属物。用科学语言重新表述这个命题，它成了'花朵的花瓣是植物中轴线侧边的横向附属物'。"② 这个结论可真够空洞的！然而在十几年前，几乎所有的自然主义者都对解剖学和植物学中的此类"哲学"分析感到兴奋。这一点清楚地表明，理性之所以能够获得满足感，根本不是因为我们可以借助某些属性将事物联系起来，而是因为事物本身就具有这种联系。原型动物学（Archetypal Zoology）的属性也许具有神学意义，但这些属性的空洞性意味着，对原型的识别不过让人空欢喜一场。阿加西（Agassi）把类属性（Class-Character）、顺序属性（Order-Characters）

---

① 贝恩，《逻辑》（*Logic*）第 2 卷，第 120 页。
② 亥姆霍兹，《通俗科学演讲集》（*Popular Scientific Lectures*），第 47 页。

等视为"上帝的思维"。这种思维是多么贫瘠啊！欧文（Owen）认为脊椎动物骨骼的原型体现了造物主的艺术家气质。然而，这种原型的体态丑陋不堪，既无美感又无伦理学的意蕴，与其说体现了上帝的荣耀，不如说是上帝的败笔。简言之，这些属性并不比简单、纯粹的身份识别走得更远。达尔文对分类学的影响仅仅在于，在他的理论当中，类本质（Class-Essence）不仅仅是一种起着统一作用的简单属性，而且是一种具有广泛联系的属性。当我们把一个人、一条蜥蜴和一只青蛙等同起来，不仅是因为它们具有相同的骨架或其他什么，而且是因为它们具有共同的祖先。我们的思维不会就此打住，而是立即提出新的问题并希望得到解决。祖先的祖先是谁，它有哪些表亲？为什么他被选中并繁衍不息？为什么他自己没有生存下来？等等。

　　类属性彼此间的联合是心灵统一大业的第二步。由此，经验法则得以建立，科学从分类学发展成了解释理论。没有这一步，我们就像一位只知道对案子进行分类而没有审判权的法官，无法使用义务、责任或罚款等概念。对自然规律和社会规律而言，对类概念与其随附性影响之间的匹配，具有非常重要的现实意义。

　　例如，当我们确定三棱镜、一碗水、镜片和冷热不均的空气层都是能够使光线发生折射的媒介时，下一步就要认识到所有的这些媒介都是让光线往正交方向折射的。如此，我们得到了一条规律。然而，这条规律本身同样有待解释，并不比光线折射现象更容易让人理解。光线进入媒介，和光线往正交方向折射，这两点也许仅仅属于联结性质（Associated Properties），彼此间不存在必然的联系，就像眼睛的颜色和鼻子的形状，我们只是出于经验将它们联系在一起。

　　不过，这条经验规律当中的概念也许可以被再次分类。媒介的本质也许是延迟光波的速度，往正交方向折射的本质也许是最先进入媒介的波先发生延迟，剩下的部分在进入之前在它周围摆动。于是，媒介和正交折射被解释成了同一个事实，即延迟作用，从而对此类现象给出了内在的解释。然而，延迟作用本身仍然是一种关于媒介和光波运动的经验概括，除非我们再次找到一个简单的概念。在理想化的终极意义上，理性解释意味着两种不同的现象在本质上是同一种现象。在数学理论中，主词和谓词最终的同一性，是数学证明的内在必然性的来源。这是一种始终能够被理性把握到的同一性。我们看到，平行四边形的顶边和底边必然相等，只要我们发现平行四边形是由两个并列和相等的三角形组成的，且顶边和底边相对应——也就是说，只要我们认识到顶边和底边具有相同的本质，其长度和位置都是次要的和偶然的。这就是我们在区分得到解释的事实和尚未得到解释的事实时，不知不觉使用的同一性标准。没有其他标准。

当代的物理学家试图把一切事件解释为一种可见或不可见的运动。这预示着，可感的异质性事物具有共同的本质，因而具有内在的合理性。运动是原因，微观粒子的运动导致事物发生转变。换言之，物理学家所追求的合理性和数学家是一样的。刘易斯在其《问题》的第2卷中提出了一种反休谟主义的观点，提出结果属于原因的序列（Procession），或者说它们是同一事物的两个方面。[①]

另一方面，当代的物理主义哲学家之所以不断地强调神经过程和大脑活动未能解释我们的感觉，"这两种现象之间的鸿沟依然无法被理性逾越"，[②] 用斯宾塞的话来说，原因就在于它们没有任何共同点，我们无法设想它们具有相同的本质，或者如廷德尔（Tyndall）所言："不能借助推理从一方到达另一方。"说它们属于"同一事物的两个方面"，这里的"同一事物"只是一个空洞的假设，幻想通过这种方式让它们显得更加合乎理性。

如此，事物之间的联系具有了严格意义上的合理性，意味着它们的本质可以被逐步替换，用更高的本质取代较低的本质，直至它们具有相同的本质成为同一种事物。假定 A 和 B 是具体事物，a 和 b 分别是它们的局部性质；我们分别将 a 和 A、b 和 B 等同起来（由此将其分类），且 a 和 b 通过一般性的规律 L 联系在一起；我们只要确定 a 和 b 具有共同

[①] 这种观点越来越受经验主义者的欢迎。见冯特的《物理学公理》（*Physikalischen Axiome*）和里尔（A. Riehl）的《因果关系和同一性》（*Causalität und Identität*），载于《哲学季刊》（*Vierteljahrssch. f. wiss. Philos.*）第1卷第365页。这种休谟主义观点在昌西·赖特（Chauncey Wright）那里得到了有力的支持，见其《哲学讨论》（*Philosophical Discussions*）第1卷，第406页，1877年。

[②] 廷德尔，《科学的碎片》（*Fragments of Science*），第2版，第121页。

的本质 M，就可以通过 M 来解释 L 的合理性。对于沥青路面在 8 月变软的现象，首先的解释是热量导致沥青融化；在这里，热量是 8 月的本质特征，沥青融化是路面变化的本质特征；其次，热量导致沥青融化这条规律，又可以借助热量和融化的共同本质即"分子运动加剧"得到合理的解释，二者具有内在的联系。

于是，接近（Proximate）和根本性的解释在本质上是一回事。解释一种现象或规律，意味着所涉及的事物或现象在本质上接近。解释所要求的内在联系，同样可以作为事物的分类标准。完美地解释事物，仅仅意味着对它们进行彻底的分类，即根据共同的本质进行分类。每个人都能感觉出来，所有的解释，甚至是最具解释效力的经验规律，的确涉及某种具有内在合理性的本质。否则，我们怎能理解赫胥黎教授的这些话呢？"我们无法理解物理状态如何引发心理状态，这一点并不会过多地贬低我们对心理事实之经验解释的价值；就像我们虽然无法理解一个物体的运动如何传递给另一给物体，但仍然会用'被另一个台球击中'来说明一个台球的运动。"①

现在回到哲学的问题。很明显，只有当各种独立的现象被认为具有根本性的同一性时，我们关于宇宙的观念才会具有内在的合理性。但需要注意的是，在这个过程中，真正带来收获的是给出概念之后的那一步，即找出它们的本质。将它们的本质联结在一起形成规律，几乎算不上一种主动的知性行为，我们天生就会。此外，将所有的对象基于共同的本质统一为"一"，或者说，认识到一种本质在任何时候都同一于它自身，无论它是最终的、简单的、普遍的，还是具体的和接近的，都没有给我们带来额外的发现。现实问题始终是"它是在哪里被发现的？"以相关的现象为背景，解释它是什么；或者说，从现象中找出某种（或某些）性质，后者同样普遍存在于其他现象中，把它们等同起来，这才是问题的重点和难点，是对哲学家的真正考验。就像我们前面所说的，天才之所以为天才，就体现在这里。用巴特勒（Butler）的话来说："知道什么

---

① 赫胥黎，《现代性研讨》（*Modern Symposium*），《十九世纪》，第 1 卷，1877 年。

是什么，这就是形而上学的智慧所能到达的最高处。"①

五

接下来我们需要面对的问题是，这种方式在多大程度上可以得到合法的应用？它真正的价值是什么？不过，在讨论这些问题之前，我们先来看看唯名论的立场。占主导地位的英国学派一直否认不同个体中的相同属性彼此同一。我在前面说过，当我们基于特定的目的从特定的视角来看待某个对象时，是把其中的某种属性视为其本质，据其本质将对象临时归为一类。约翰·穆勒对此回应说："以特定的模式看待事物意味着什么？这一点让人无法理解；说个体事物具有共同的属性，同样让人难以理解。在心灵可以把握到的属性中，哪种属性可以被个别的事物共同拥有？每种颜色都是以个别的形式存在，每种尺寸都是以个别的形式存在，每种形状都是以个别的形式存在。事物不可能具有共同的个别颜色、个别尺寸和个别形状。也就是说，它们没有共同的颜色、形状和尺寸。因此，它们共同拥有的是什么呢？支持这种观点的人绝对说不出来。他们只会用概念替换实物，用语模糊而隐晦，但实际上空洞无物。"② 对约

---

① 这一点与"同一性是先天性命题唯一的必要条件"的结论十分吻合，不过我们不能从前者推导出后者，因为事物当中也许不仅包含简单元素，还包含复合型的元素，如线条的短和直、曲线的凹和凸。假如经验主义者成功地把此类复合元素解释为习惯性的并列，那么同一性原则将成为唯一的先天真理，其他常见的哲学问题将变成一个事实性的问题：我们感知到的这些事实是什么？是否有现存事实与这样或那样的类别相对应？刘易斯在其《历史》的序言部分和《问题》的第13章，对必然真理和偶然真理进行过有趣的讨论。他似乎反对意见，认为我们通常所说的偶然性真理事实上具有必然性。但他对这个问题的处理完美地确证了我在文中提出的观点。他说如果命题"A 是 B"为真，那么它就必然为真。他对这种必然性的证明如下：使 A 之所以为 A 是它的本质属性 x，使 B 之所以为 B 的本质属性同样是 x，只要 A 和 B 同一，这个命题就成立。但是他也承认，有可能有些事实和 A 很像缺乏 x，有些事实和 B 很不一样，却具有 x，在这两种情况下，命题"A 是 B"必须进行调整才能成立。被他从命题中剔除的偶然性，保留在了 A 和 B 的概念之中。如此，我所说的给出概念、分类、直觉判断等行为就构成了思维的枢轴。在这项程序完成之前，没有任何的确定性——A 和 B 可以是任何事物。在这项程序完成之后，我们有了绝对成立的真理——所有具有本质属性 x 的事物相互同一。在这个过程中——A 有没有 x？B 有没有 x？——我们的判断有真有假，都是关于事实的经验判断。如刘易斯自己所言："唯一的必然性就是事物必然是其所是；唯一的偶然性是我们的命题有可能没有把握事实"（《问题》，第 1 卷，第 395 页）。

② 《分析》（*Analysis*），第 1 卷，第 249 页。

翰·穆勒而言，唯一可以被共同拥有的只有名称。对于黑色的外套和黑色的鞋子，不能说它们具有共同的颜色，只能说它们各自的颜色都被称为黑色。不过，唯名论的血统已经没有以前那么纯正了，当代唯名论者敲出的音符已经走调了。也许前面听起来是唯名论，但后面谈的几乎是普遍性（Universalia in Re）。泰纳应该属于英国学派，① 但是他所谈论的几乎是共相（Ante Rem）。这种情况就像"坏掉的铃铛发出的杂音"，是奥卡姆剃刀的现代效果。

不过，我们还是可以找到这样的表述："当我说，在今天看到的某个物体，它带给我的感觉或情感，和它昨天带给我的感觉或情感相同，或者和它带给别人的感觉或情感相同时，这显然是对'相同'一词的误用，因为昨天的感觉已经一去不返……它经常导致观念的混乱，诸多谬论也因此产生。因为忽视活生生的事实（这种忽视本身在所难免），对不具有同一性和相似性的观念，他们也用相同的名称来表达。"②

什么是确切的事实？我昨天看到的白云，今天看到的白雪，雪的白和云的白发生在不同的时间、地点和背景之中，具有相同的性质；就其起源而言，它们可能是由相同脑区的大脑活动产生的。然而，约翰·穆勒反对我们把云的白和雪的白视为同一种性质。他说，在不同场合出现的白在本质上都不一样，两种不同的白色现象不具有真正的同一性。显然，要想维持这种观点，他必须放弃整个现象世界。从现象的角度来考虑，白色本身同一于任何地方发现的白色，不管是雪还是云，不管是今天还是明天。假如有唯名论者否认这种同一性，烦请他指出区别在哪里。按道理，它们是不可区分的，唯一的区别在于时间和地点。但是，时间和地点的差别不是性质的差别。假如我们所说的性质和它自身的性质都不相同，那么"相同"一词究竟是指何意？对此，我们的对手也许沉默

---

① 泰纳怎么能没有看到，他最初在唯名论的立场下确立的"替代"原则（Doctrine of "Substitution"）完全没有意义，除非接受他在最后进行详细论述的实在论原理。图像（Image）怎能代替感觉，倾向性（Tendency）怎能代替图像，名称怎能代替倾向性？除非感觉、图像、倾向性和名称在某些方面具有同一性，如功能的同一性，其所涉及关系的同一性。假如泰纳在其《智能》（De l'Intelligence）的一开始建立的是实在论的基础，那么它将是一部非常融贯的著作，而不是像现在这样自相矛盾。

② 约翰·穆勒，《逻辑》，第 8 版，第 77 页。

不言，但仍可能心怀不满。不过，若他们仔细分析自己这种不情愿的基础，就会发现他们只是不相信在不同时间出现的性质是由相同的原因导致的。换言之，他们抛弃了整个可感的现象世界，直指某种最高的东西，某种本体论的"性质—时间—空间—随附物"的综合性存在。这种存在彼此间从未有过相似性，其性质在时空中的每一次出现都是独一无二的，或者说，是个体性的。这种超验性的观点在斯宾塞先生的《心理学原理》第2卷中得到了明确的支持。事实上，所有的唯名论者都应该从这种观点出发，假如他们真的想清楚了的话。①

作为现象主义者（Phenomenist），我们认为所有可以产生白色性质的实在都具有形而上学的地位，关于白色的感知材料在所有情况下都是相同的，不论发生在何时何处。实在所有的抽象性质本身是空的，仅仅是实在之可感受性（Susceptibility）在本体论上的实体化（Hypostatizations）；同时，这种可感受性在时间、空间和相关的联系中始终具有真实的现象基础。

真正理智的态度是从整体上来把握现象，不牺牲它的任何方面。现象所处的时间、空间和关系背景可能发生变化，而现象本身可以超越这种变化，一种性质在任何情况下都同一于它自身。于是，为了满足我们的哲学兴趣，有必要把这种同一性视为诸现象的本质，将它们视为"一"，以此满足同一性的欲求。在其他兴趣占优势的时候，被当作本质属性的可能变成了它们的差异性，同一性反过来成了偶然性质。对于这种意义的现象世界，实在论（Realism）永远成立，没有任何破绽。

如此，世界可以被理解为一个具有深刻内在联系的对象，而不是一盘散沙。我们随时可以追问：第一，世界内部事物之间的相互同一，是否存在必然的限制？第二，同一关系一旦被确立起来，它的意义和价值在哪里？

---

① 恐怕到了这一步仍然有人不愿意接受，但在我看来，之后的分歧纯粹是口舌之争了。假如他们真的认为，出现在不同时间、地点的同一种性质不是真的相同，那么我甘愿放弃"相同"和"同一"这两个概念，尽管这样做会带来极大的不便，不再有任何可以描述无差异性的概念。

六

首先,当我们用共同属性 x 来解释 A 和 B 之间的联系时,这种解释是有限的,仅仅是说"A 和 B 都是 x"。缺氧可以解释井下窒息(Chokedamp)和普通窒息(Suffocation)的联系,但这两种现象的其他特性没有得到任何说明,如抽搐和痛苦的挣扎、空气密度和易爆性。简言之,除了 x,A 还有性质 l,m,n,B 还有性质 o,p,q,x 无法解释这些特征。对某个事实的单一性解释是从特定的角度展开的,[①] 事实整体并未得到解释,除非它的每种特征都得到了类似的解释。用粒子运动来解释世界,只有在"世界等于粒子运动"的情况下才能成立。引入"不可知物"来给出解释,结果依然未知;用"爱"来解释爱,爱依然没有得到解释;用"思维"来解释思维,所得到的仍然是思维。若一种材料的现象性质无法与普遍属性同一,那么它就不属于最终的和独立的自然类别;它也许通过经验规律与根本属性联系在一起,但两者之间没有真正的亲缘关系。假如 A 和 B 具有彻底的同一性,那么 l、m、n 和 o、p、q 都必须是 x 的伪装。今天的物理学家正在尝试建立这种整体上的同一关系,他们认为所有的力具有相同的本质,决定着粒子的质量、位置和速度。

即便从这个角度来理解物理世界,由粒子能量导致的主观感觉,如颜色、身影和味觉,以及对相似性和差异性、时间和位置、容易和困难的感受、痛苦和快乐的情绪,仍然没有得到解释。简言之,精神生活中所有不可还原的范畴都不会得到解释。有些人可能想把它们还原成某种共同的构成物,某种感觉基本单位或无限小的心理事件,就像垒成一座座房子的砖块。然而,这两种情况没有可比性。物理粒子若想解释感觉,不能与感觉表征分离,而必须构成感觉表征的本质,我们甚至可以在知觉中看到它就在那儿。另外,"心理粒子"是一个自相矛盾的概念,"心

[①] 在 1879 年 4 月的《思辨哲学杂志》(*Journal of Speculative Philosophy*)中,约翰·沃森教授(Prof. John Watson)很好地维护和表达了一种观点,后者构成了本文的支撑。他提出,任何一种把握事实的方式都与我们的某种兴趣有关,不存在绝对的本质属性——每种属性都可以成为本质,真相就是所有属性的全体。虽然我无法理解他的黑格尔主义视角,但他在第 164~172 页表达的立场和我所发表的观点十分吻合。

理"意味着它只在被感觉到的时候才存在,"粒子"意味着它不可能位于感觉内部。它既不在意识之中,也不在意识之外,是一种荒谬的超验性存在。泰纳和斯宾塞通过论证说在听觉知觉中存在此类本体性的感觉单元,可谓荒谬至极。

不过,让我们暂时把怀疑放在一边,假设感觉真的可以被还原。那么,世界具有两种原始性质:物质粒子和心理粒子,二者通过经验规律联系在一起。对于二者之间的不可通约性,说它们是同一对象的两个不同方面,或者是对同一实在的不同表达,并不能将它们等同起来,因为最终的对象或实在仍然没有得到说明。若从进化论的角度解释一切,就意味着,一方面,不同的感觉必然具有相同的基础;另一方面,感觉和运动必然具有相同的基础。这两个结论将导致一种原子主义的物活论(Atomistic Hylozoism)。克利福德、泰纳、费希纳、斯宾塞、措尔纳(Zöllner)和霍尔等人都接受了这种观点。

然而,即便这种"二元原子"的概念可以跨越感觉和运动之间的鸿沟,通过持续的组合运动搭建起整个宇宙,宇宙中的每种事物也只能通过其普遍性质而非具体性质得到解释。事物的具体性质是由基础原子最初的数量及彼此间的距离决定的。杜布瓦·雷蒙(Du Bois-Reymond)在《关于自然认知之极限》(*Uber die Grenzen des Naturerkennens*)的讲座中所运用的拉普拉斯万能公式(Universal Formula),就包括无数这样的基础原子。它们具有同质性,且数量无限多——每个都是一种独立的经验事实。

但显然,感觉本身和运动是不可通约的,对现象世界的还原只能进行到一定的程度。这是一个有限的过程,一方面,受限于基础属性的种类;另一方面,受限于实体的数量(原子或单子之类的)。基础属性彼此之间不可相互转换,构成表征的原始材料,实体彼此之间具有数学关系,是演绎具体世界的多样性和丰富性的必需品。所有这些不可被还原的材料构成一个系统,被我们的经验规律连接在一起。这个系统被我们视为一个既定的事实,并将其记录下来。简言之,一个哲学工具箱里,至少包括一系列的范畴(Categories)以及和这些范畴相对应的原生实体,后者在数量上无限多。对明晰性的需求和对同一性的需求,只能通过这种方式相互折中。所有超出这一点的简化程序,要么偏向明晰性,导致事实的具体成分得不到解释;要么走向虚假的同一性,引入某种虚假的概念和原则,将其和所有的材料整合在一起。这种原则可能是某种内在因素,但缺乏真正的普遍性,感觉、思维和意志都属于此类;或者是某种超越性的实在,如无知、精神、实体、不可知物、无意识等。① 通过这种方式得到的同一性虽然成立,但无法起到真正的解释,只能满足外行的胃口,瞒不过具有真正哲学思维的人。假如我们犯的是第一种错误,将具体事物从时间、空间及其组合中抽离出来,就可能忽略根本性因素的数量及其组合,只看到它们的性质范畴(Qualitative Categories)。通过这种方式得到的系统,仅仅对宇宙的性质进行了简化;将具体世界抽象为性质成了唯一的哲学目标。在这个系统中,除了各种具体的性质,什么也没有,什么也不会发生;同一种性质不停地重复出现。至于这些性质将在何时何地起到何种作用,哲学家什么也没有说。在我看来,雷诺维叶的《论一般性批判》针对这种哲学立场给出了迄今为止最有力的批判,明晰性和统一性在这里没有达成任何的妥协。

七

接下来我们要讨论的是哲学工具箱的价值问题。若哲学家有了这么一个工具箱,相较于以前,可以得到什么样的好处?作为一个纯粹的现象系统,它位于两个极端之间:一边是对统一性的狂热,嘲笑它对理性的追求不够彻底,仍然站在经验的沙堆之上;另一边是彻底的经验主义,说它空洞无物,只有荒芜的抽象。这个工具箱仅仅向我们表明,世界的构成性因素是这样的或那样的,每种因素都和它自身同一。至于"它是在哪里被发现的?"(对务实的人来说这是最重要的问题)这样的问题只能靠自己去回答。具体事物在此时此地的本质是什么?基础性的哲学从来不会给出判断。从这个角度来看,一方面,作为一个由范畴构成的体

---

① 通俗意义上的"上帝"观念既不是内在因素,也不是超越性的实在,因为它和其他现象之间具有因果关系。因此,它不具有根本性的解释和统一作用。

系，它是唯一可能的哲学；但另一方面，这种哲学非常之可悲和不充分，缺乏丰富性。它是事物的删节本，和所有的删节本一样，删除了绝大多数内容，剔除了真正重要的东西。这就是为什么很少有人真正在乎哲学的原因。它忽视的东西恰恰是能够激发美学和现实需求的东西，后者具有和它一样的说服力和权威性。道德狂热分子为什么要在乎哲学伦理学呢？为何每位德国哲学家的美学思想在艺术家眼里都不讨喜呢？因为艺术家所需要的是具体的建议，而不是空洞的普遍真理。

"理论都是灰色的，我的朋友，
只有生活才是长青之树。"

时时有生活需要的人，除了生活本身，其他别无所求。事物的本质弥漫在时间和空间的各个角落，唯有这种广大无边和生生不息才能让他感受到乐趣。当他厌倦了世俗的琐屑和冲突，就会偶尔到永恒的温泉中放松自己或吸取力量。不过，他只是一个偶尔到访的访客，不是这里的居民，永远不会把哲学的犁杖扛在自己的肩上。当他对这种广阔无边感到单调无趣时，定会欣欣然纵身跃入多姿多彩的喧嚣尘世。

于是，我们的研究回到了它的起点。每个概念都承载着特定的目的（见前文），除非涉及特定的兴趣，否则任何概念都无法代替一种具体的实在。对理论理性的兴趣，同一性带来的解脱感，不过是人类众多兴趣中的一种。当别的兴趣占主导的时候，它必须主动让位。因而哲学家们自我标榜的高贵和价值大打折扣，其理论概念所具有的唯一优点是简单性。只有当世界本身简单的时候，一个简单的概念才可以代替世界；与此同时，不论世界可能有多简单，它也可以非常复杂。人类对这种简单性的渴望和激情，是一种最难被克服的冲动。每个时代都有它的知性潮流。在我们这个时代，人们特别喜欢科学和事实，讨厌所有的形而上学。

由于刚刚从基督教传统那里断奶，嘴里仍然带着教理问答（Catechism）的味道，缺乏分辨能力，科学还没有看到"自然""力"和"必然规律"等概念中包含的本体论意义，感受不到"敬畏"（Awe）"前进"（Progress）和"忠于真相"（Loyalty to Truth）等表达方式带有的神秘主义气息。但是，它应该从自身的非融贯性中看到，压制人类对形而上学的冲动,比起将音乐、诗歌、游戏、男子运动及其他一切兴趣从人类生活中完全抹除都要难。某种类型的形而上学是必要的,区别在于,是选择让人头脑清醒的和好的形而上学,还是选择没用的和粗俗的实证主义形而上学。形而上学代表着对事物终极因素的探寻,是对自我融贯性的思考。只要人类没有放弃思考,就一定会有形而上学的渴望。

八

假设我们建立了一种好的形而上学,明晰性和同一性被很好地结合在一起。至于这个系统的基础是实体还是相互联结的基本因素,抑或作为现象或表征的简单事实,我们暂且不去管它。不论具有什么样的内容,起到了多大的同一作用,它至少满足了理性的需求。但现在我要问的是,作为理性的基础,这种形而上学本身合乎理性吗?就目前我们所谈论的理性概念而言,答案似乎是肯定的。无论如何,既然理论或逻辑意义上的理性意味着将一个事物与所有其他事物相同一,不留下任何可以干扰心灵平静的异质性(Otherness),它应该满足和平息理性的要求,或者说达到理性的标准。

换言之,正如庸人们的平静意味着不再为自己眼前的现实问题感到担忧,哲学家的平静意味着这种(简单、明晰的)形而上学可以消除宇宙的神秘感,不再让他们有理论上的不安和担忧。

事实上有些人就是这么想的。贝恩教授说道:"问题得到了解决,谜底被揭晓,意味着我们发现某些东西具有相似性,对应着某种已知的事实。事物的神秘性源自它的孤立性和独特性,或者明显的不一致。去除神秘性的方式是同化它,把它和已知事物联系起来或相同一。当所有的事物都被同化时,就具有了相似性,那么我们就到达了解释的尽头,这也是心灵或理性诉求的尽头……现代科学追求普遍性,科学的道路变得越来越宽,直到我们获得涵盖万事万物的普遍规律。这时候,解释也就结束了,谜团被彻底解开,我们获得了最完美的认识。"

但不幸的是,这个问题的答案是否定的。不论你是否愿意接受,这里有一个经验性的事实,即人类心灵总是会在自己的经验中寻找超越经验本身的东西(An Other);在一种好的形而上学中,除了已经获得的同一性和明晰性，思维总是往边界的另一边张望，似乎那边掩藏着有待被进一步思考的东西。简言之，思维渴望主动走向包裹着已知存在的非实在（Nonentity）。但由于在外边一无所获，思维又退回到已知的领地，在非实在和已知的形而上学之间不存在自然的桥梁，没有逻辑的同一性，于是思维在两者之间徘徊不定，琢磨着"为什么那边什么也没有？为什么宇宙是这个样子而不是另外的样子？为何是有而不是无？"迷失在犹疑的迷宫中找不到出口。事实上，贝恩教授的话可谓大错特错，因为我们越是把多样性的世界统一为一个单独的整体，宇宙越是可以被视为"单一性的事实"（Fait Unique），我们在本体论上的惊奇感以及对进一步解释的渴望也就越强烈。

如叔本华所言："我们之所以感到不安，不停地思考形而上学，是因为我们意识到这个世界原本可以不存在。"①

因此，"非实在"的概念也许可以被视为最根本意义上的哲学冲动之母。绝对的存在是一个绝对的谜，它尽管不依赖外界（Selbstständig），却并非理所当然（Selbstverständlich），因为它和虚无之间的关系仍然没有被我们理解。据我所知，有一位哲学家试图在这条鸿沟之间架起一座逻辑的桥梁，这就是黑格尔。他试图表明，虚无和存在（Being）事实上通过一系列前后相继的同一性联结在一起，把所有可能的世界统一为一个坚固的整体，在其中心灵可以自由地流转，不会受到任何的打扰。要想平息理性的冲动，就必须永恒、绝对地满足心灵所有的逻辑需求。

但是在多数人看来，黑格尔的英雄主义没有取得成功，他不但一无所获，反而进一步证明，即便万事万物获得了至高无上的同一性（贝恩教授的立场恰好相反），虚无的概念，或者现实之外的可能世界，仍然在我们的想象中不时出没，对我们的形而上学体系造成困扰。从逻辑上看，我们看不透存在的基底；我们知道它就在那里，但就是猜不透摸不着。在这一点上，经验主义始终是对的。在这里，富有想象力的信仰和经验主义走到了一起。二者在逻辑上的态度是一致的，都认为有一些额外的东西超出了我们的所知，其中蕴含着令人无法想象的可能性。它们唯一的区别在于情感态度，经验主义说："我们的判断不能应用于超越之

---

① 《作为意志和表象的世界》，第189页。

物。"信仰说："我们不能否定超越之物。"对某些心灵来说，那种本体论上的惊奇感和神秘感，那种对崇高之物的迷醉和狂喜，是任何哲学体系都无法彻底消除的。

事实上，哲学家在逻辑上的平静和普通人的心神平静没有本质上的区别，只是关注点不一样。普通人生活在当下，因而容易陷入各种困惑和怀疑中。哲学家一直追求理论上的同一性，以免受到一般性的困惑和怀疑的伤害，但不能从根本上回答终极性的"为什么"？实证主义走的是中间路线，在一定程度上意识到超越之物的存在，但有意识地停止做进一步的思考。他们踩在自己的基础之上，说："物理学，我支持你！不管怎样，你就是我的绝对！"

所谓绝对，意味着还没有被超越、批判或比较，常常是指某种完美和难以企及的东西。事实上，它在生活中非常普遍。每个想法，在我们想到它或按照它采取行动的那一刻，都是绝对的。只有在进一步的反思中，它才是相对的。这一点使绝对之物变得不是那么稳固，来自无限的"虚无"概念有可能乘虚而入，浇灭形而上学的理性冲动。事实上，"绝对性"和"理性"是两个同义词。试图让世界合乎理性的哲学家，其首要之事就是为他的形而上学找到某种绝对性，以使其获得最大程度的稳定性，或者不像那些粗陋的世界观，经不起进一步的质疑和推敲。若进一步的思考使某种思想具有了相对性，我把它叫作对这种思想的还原（Reductive）。对绝对存在的还原，就是虚无或者其他的可能性；对绝对物理学的还原，就是设想所有的物质性事实都属于心灵中的表征；对绝对的时间、空间、因果性、原子等概念的还原，就是充分地考虑到思想起点的局限性，意识到随之而来的二律背反（Antinomies）；对绝对知识的还原，就是持续不断地怀疑，相信后面的思想总是可能纠正当前的想法——有一个本体性的世界在嘲笑我们当前的认识。不论什么样的思想，我们似乎总是相信它们可以得到严格意义上的还原，之前被消除的怀疑再次进入让我们沾沾自喜的形而上学系统，毁掉它的合理性和同一性。假如哲学家不能像黑格尔那样借助同一性将还原性和形而上学协调起来，那么他就必须无所畏惧地和还原性进行正面的碰撞。贝恩教授无疑会说，"'非实在'是一个伪概念，它不是来自经验，因而没有意义，以此来抗拒还原性的侵蚀。"①通过区分潜在性（Potentiality）和现实性（Actuality），可以为理论上的矛盾进行辩护。②在观念论面前，半吊子的唯物主义者会这样来安慰自己，即思维是一种神秘而模糊的存在，就像没有存在一样，无须认真对待。

假如在心灵之中只有思维或幻想，别无他物，那么它将具有最大程度的实在性。对它的还原在于，相信它不过是某种对应客观实在的复制品。当这种信念以肯定的形式断言一个本体世界的存在时，它起到的唯一作用就是还原。探索抵抗还原的准则（Formula of Exorcism），在康德之后成为哲学理性一项原则性的任务。

唯名论质疑不同现象中的相同属性具有同一性，这种还原借用了一种更高层次的同一性。只需表明更高层次的同一性有可能包含低层次的同一性，我们就可以否定唯名论所做还原的有效性。

"非实在"的概念不仅可以用来还原，偶尔还可以承担"开路"（Exorcising）的功能。例如，当有人认为万物不可能源自一条非物质性的思考原则时，"非实在"在这时候就会说："和我相比，（作为一种存在）任何原则都有可能担当此任。"当有人对上帝对个人的护佑或个体的永生存在怀疑的时候，无限的"非实在"就可能会说："和我相比，还有什么不可能？"还有，就是对于天堂中的人口数量可以无限累加的想法，"非实在"可能会说："和我相比，任何数量都是一样的，当上帝认为守护或拯救某个灵魂是值得的，奇迹就已经发生，和数量没有关系。"

不过，对于自己的形而上学，假如哲学家没有找到令人满意的抵抗原则，他们所能做的唯一事情就是在特定的据点对还原的要求"置若罔闻"，把既定事实视为必然的终极之物，在此基础之上展开下一步的思考或行动。毫无疑问，这种一半主动、一半被动的不彻底性，以不透明的必然性为基础采取的行动，也可以带来一定的乐趣。例如，卡莱尔（Carlyle）表达了对原生事实的崇敬："在事实当中蕴含着无限的意义。"

---

① 《有神论实考》（*A Candid Examination of Theism*，1878年）的作者特鲁（Trü）用"排除无限性的存在"（All-Excluding Infinitude of Existence）来看虚无概念，对此我不做评价。此书在最后一章（发表于本文完成后的第一年）讨论了"论事物的终极神秘性"（The Final Mystery of Things），用激烈的语言表达了很多我在前面提到过的内容。

② 见雷诺维叶的《前期论文集》（*Premier Essai*）。

另一位德国哲学家说道："在理性的世界观中，必然性是我们所能获得的最高的和最终的概念。"① 这里的"必然性"不是指理性本身的必然性，而是指既定的必然性，"它不仅是确定性的终极知识的对象，而且是感觉的兴趣所在，在关于纯粹事实的根本性形而上学中获得最终的宁静和理想的平衡。"

这就是普通人对待有神论的态度，上帝的命令是物理学和道德的终极基础。这也是所有固执的分析家和理性人（Verstandesmenschen）的态度。雷诺维叶和霍奇森，这两位当代最重要的哲学家，迅速地指出作为整体的经验无法得到进一步的说明，但同时否认这是因为我们能力不够，一点儿也不让步。

其他具有神秘主义倾向的人也可能通过这种方式寻求妥协。在逻辑失效的时候，忘我同样可以让理性的人获得平静。对宗教人士而言，世界在任何时候都是如此之神圣有序，全心全意地接受它，所有的知性问题都将消失不见，且理智本身也将安静地睡去。如华兹华斯（Wordsworth）所言："思想生于忧患，死于安乐。"（Thought Is Not, in Enjoyment It Expires）。沉浸在这种情绪中的灵魂无法展开本体论的思考，向存在发问。一个人再没有宗教情感，也会对国民诗人沃尔特·惠特曼的本体论诗歌有所感觉：某个通透的夏日清晨，和他一同在草地上闲逛，一种"超越世间一切喧嚣和吵闹的安宁和认识立即在我四周升起并扩散"。在如此活生生的当下，理论上的沉思和刨根问底只会让人觉得大煞风景。去感觉"我就是真相"就是要消除认识和存在之间的对立。

既然心灵能够将理智感知到的非理性拒之门外，那么建立一套程序将这种方法系统化，将是一项具有重要意义的哲学成就。神秘主义的方法缺乏普适性，只有少数人适用，且使用次数很有限，各种神奇的"感应"（Reaction）和"灵性提升"（Dry-Ness）往往伴随其后。但是，神秘主义的方法仍然可能预示着某种真正有效的方法。假如所有人都跟雅可比（Jacobi）说："圣光照耀我心。"即便他们无法解释这一点，却也能

---

① 《哲学的诅咒》（Dü: Cursus der Philosophie），莱比锡，第35页，1875年。

真正地将存在理性化。①

不过，假如人们认为，神秘主义的方法不过是权宜之计，缺乏逻辑上的可行性，解决不了问题，黑格尔主义的方法靠不住，虚无既不能被驱逐，也无法被等同起来，那么，最后剩下的似乎只有经验主义哲学了。存在即原生的事实，从整体上来看，本体论上的惊奇感将一直存在，理性永远得不到满足；这种奇迹性或神秘性将成为自然事物的一种本质属性，对它的强调和展示也将永远属于哲学事业的一部分。不同时代的人完成不同时代的工作，创造属于自己的《哈姆雷特》《浮士德》或《旧衣新裁》(*Sartor Resartus*)。

到这里，我们似乎已经讨论了纯粹理论理性的所有可能性。但是，我们一开始就已经看到，主观上的理性仅仅是指一种畅通无阻的心理功能。不在理论领域过多停留而直接投身实践，也许同样可以避免理论障碍。心灵似乎具有三个结构性单元，以可感印象为起点，以行动为终点，中间是持续时间或长或短的感觉。也许，获得理论理性的全部困难在于这种追求违背了理智的天性；只要心理功能在感觉阶段进入思维的死胡同之前顺利进入行动阶段，便可以恢复行动的力量，保持精神上的轻松和自由。因此，我们必须追问理性的感觉在实践层面有什么样的结构。不过，那是另外一个话题了。

注：本文是一本心理学著作的第一章，讨论了人们进行哲学思考的动机。本章仅仅考虑了纯粹的理论或逻辑冲动，关于实践和情感冲动的讨论见其他章节。结论部分尝试着基于此类动机对各种哲学理论的合理性进行评估。

---

① 在《麻醉状态下的启示》中，本杰明·保罗·布拉德试图构建一种普适性的神秘主义方法。他不无奇怪地提出，可以通过吸食足量的笑气来麻醉自己，也许可以让所有人领会存在的奥义。"有案例表明，在麻醉的恍惚状态下，人们有可能在瞬间领会存在的真相……有此经历的人试图把它说出来，但无一例外迷失在内省中一无所获……关于启示，大部分人接受这一点，即理智（Sanity）并不是智能（Intelligence）的根本性质……理智产生有条理的思想，但无遮蔽的生活只能在理智之外得到领会。正是通过原味生活与理智思维的即时性比较，人们惊奇地发现，最终的生活之谜不过是我们熟悉的平常之物……对那些满怀期待的人，这个结果也许令人失望和悲伤，没有想到宇宙的终极奥义如此简单——没有一丁点儿诗意，不符合理智的标准，与其高大上和令人敬畏的形象不匹配。不过，对他们而言，世间万物的不稳定性也能带来一种古老的静谧与平和。同时，对那些傲慢专横但心志坚定的人来说，它们是雄伟壮丽而至高无上的不可言说之物。"有人认为，此番陈述的逻辑"看似充分但靠不住……它治疗形而上学之病症的方式不是寻找答案，而是取消问题本身。"

布拉德利先生论"直接的相似性"

我同意布拉德利先生的观点,即"这是一个非常重要且意义深远的问题",因此我不得不对他发表在1月份《心灵》(*Mind*)杂志上的论文给出回应。他所批评的内容对应我的《心理学原理》490~494页和532~533页。这里涉及的具体问题是,当我们判断两个物体具有相似性(Resemblance)时,是因为它们包含着性质完全相同的因素,从而导致我们的心灵看到了这种相似性?抑或是它们事实上不具有共同性质,是两个不同的对象,只是在我们看来彼此相像?由于我们经常遇到第二种情况,两个复合对象(Composite Objects)从整体上看起来只是很像,然后忍不住说它们具有相同的内容。因而,我们似乎不能说一种性质与另一种性质具有"直接的相似性",每个所谓的相似点,即使是最简单的,也需要经过分析,由更高的识别能力来判断。然而,由于更高的识别能力不会停留在任何纯粹相似的因素上(因为它们的相似性同样需要进一步的分析),这个问题只可能因为以下两个原则(或导致两个结论):

(1)用一个相似点解释另一个相似点,层层递进,彼此嵌套,趋于无穷,以此作为两个物体相似性的构成性条件;

(2)存在某一类最终的元素(假如它们可以被归类的话),它们层层复合,构成了所有的物体,在不同事物中存在量的区别,所有的相似性和差异性都由此产生。

这两种关于相似性的观点，前者有可能走向某种莱布尼茨主义的形而上学，后者我称之为"心尘理论"（Mind-Dust Theory）。

我认为，或者说施通普夫（Stumpf）（因为我在自己的书中追随这位杰出的慕尼黑心理学家）认为，这两个结论都不对，二者都可能引发异议，而是（挑战"必须从复合或构成的视角来解释一切事物"这一不成熟的假说）承认第 3 个原则（或结论）：

（3）事物的最终元素可以各不相同，这种类的差异及直接的相似性和差异性，构成了世界的最终材料，同时也构成了我们初步区分知觉种类的依据。

布拉德利先生既不同意这种观点，[①] 也不同意我在书中对它的论证。在我看来，这种观点本身比对它的论证更为重要，因此，在这里我略去了他对我的论证的批评；相较于为自己的文本辩护，我更加在乎进一步理解问题本身。[②] 我在书中提出，具有直接相似性的物体可能具有某些共同的元素，而布拉德利先生则极力反对这种元素的简单性。的确，我曾假设这些元素是简单的，我把它们称为简单性质（Simple Qualities）。但是，这一点在我看来完全无关紧要。到目前为止，我所谈论的相似性是最终的、直接的相似性，不是基于内容同一的相似性，因而被认为具有相似性的最终元素不论是简单的还是复合的，没有区别。它们肯定不包含任何的共同点。换言之，像 abc 和 def 这样的复合因素有可能基于原则（3）彼此相似，像 a 和 b 这样的简单因素也可能基于原则（3）彼此相似。

这是布拉德利先生的第一个混淆。从他的论文中，我还看到了另一个可怕的混淆。对于事物的相似性，布拉德利先生有自己的理论，和上面的原则（1）（2）（3）都不一样。他多次提到了自己的看法，但从未清晰地表达出来或举例说明，因为他觉得它源于一条众所周知的原则，后

---

① 或者，我犯了一个显而易见的错误，他反对的不是"简单的相似性"，而是"简单事物之间的相似性"？对于后者，我并没有坚持。

② 布拉德利先生似乎对我的观点有一种误解，说我认为作为相似性基础的相似点必须是可分的（Separable），但事实是，我要求的只有可识别性（Discernible），从未说过它必须在物理上可以被分离出来。这项指控是如此荒谬，以至于我怀疑自己都没有看懂布拉德利先生的文章。

者为"哲学专业学生所共知"。这种模棱两可的表达方式也许可以让人蒙混过关，但出于对布拉德利先生逻辑和思路的好奇，我想一探究竟。他似乎认为，所有的相似性必须"位于和通过某个具体的'点'"——至少他在第85页是这么说的。现在，假定这个'点'是 m，相像的两个物体分别是 A 和 B。一种可能是 A 中的 m 和 B 中的 m 相似，但这就是让布拉德利先生感到不满的简单相似性；另一种可能是 A 和 B 中的两个 m 通过第三个更精细的'点'而具有相似性，但这样一来，就会引发无限倒退的问题，布拉德利先生对此肯定不会同意；第三种可能是 A 和 B 中的两个 m 在性质上具有同一性，只存在量的差别。但是，这种同一性同样不会让布拉德利先生感到满意，他的原则是"我们的机会在于维持同一性和差异性之间的至关重要和不可分离的联系"（第88页底部）。至于这条原则是如何起作用的，布拉德利先生没有透露。我希望他不只是一味地嘲讽我对辩证法的熟悉程度，而是在这个问题上有更精确的表达。我费了很大的功夫去重构他的想法，但犹如大海捞针，没有任何收获。假如他的意思不过是一种黑格尔主义的老生常谈，即认为抽象的相同和抽象的差异都不能构成两个物体之间的相似性，相似性必定源于相同性和差异性的综合，这是实现相似性的唯一方式，那么他的看法在本质上和施通普夫及我的观点就是一致的，只是表达方式过于笨拙，在外人看来就像变戏法一样。我们直接说"相似性是一种被直接确定的关系"。你不能永远通过分析的方式揭示其基础，分析到某一步，你只能假定它就在那里，发挥自身的作用，尽管你不知道它是如何发挥作用的。像变戏法一样，把两个相互矛盾的概念结合在一起，这丝毫无助于我们的理解。因此，我不相信敏锐的布拉德利先生真的对此一无所知。也许我的这番话可以让他打破沉默！

当然，对相信相似性必须"位于和通过某个具体的'点'"，并否认两个物体的相似"点"相同的人，还有一条熟悉的道路可走。他们可以把相似性理解为一种"二律背反"，认为整体所有的相似性都受限于它们的形而上学部分，无条件相似的部分永远不可得。但这样一来，直接的相似性和明显的同一性在思维中就成了一个循环的范畴，不可能被我们从经验世界中驱逐出去。我要说的是，布拉德利先生尚未表明此类范畴的荒谬性。"二律背反"当然不能超越必然性。世间万物的性质，彼此间产生相似性和差异性的项（Terms），不应该源自可无限递归之内在性质的累加过程，就像一条永远不会到达其中心点的无限螺旋曲线。我们为什么要坚持认为，项与项之间的关系，相似性和差异性本身，一定是由这种不可能的累加或综合产生的呢？性质在逻辑上是如何成就自身的？我们不知道，我们对相似性关系性质的了解，并不比对感觉内容性质的了解更多。

直接的相似性

这是我对布拉德利先生第二篇评论的回应,也许有助于澄清我们的争论。我的观点不过是一种心理学层面的主张,在我的著作中也是,把直接的相似性视为知觉的最终范畴,把比较视为思维的底层功能。我的原则是(通过熟悉的例子讲得很明白),所有的相似性必须被分析为隐藏在非同一性中的同一性,不应被随意发挥。布拉德利先生现在说,缺乏同一性的直接相似性在他看来"纯粹是胡说",否定同一性原则就是破坏整个世界,并再次要求我说出借以"反对同一性"的原则。对此我只能说,对于这种同一性,我根本没有反对过。我很震惊,竟然有人怀疑我是这么不理性和让人讨厌的人。每一步的推理和分析都表明,假设不同事物中蕴含着具有同一性的特征,既具有实用性,又具有心理学上的必然性。然后我说,必定存在某些事物,它们之间的相似性不是建立在这种可识别的和抽象的同一性之上。而布拉德利先生本人所认为的,必然作为所有事物相似性基础的同一性,不是这种抽象的同一性。他说它和差异是不可分离的,甚至是不可识别的。它仅仅是整体的某个方面,对它的凸显只能是临时性的;假如将其抽象出来,或在观念中使其自成一体,就会陷入自我矛盾,或导致它什么都不是。然而,这种意义上的"同一",和"同一"在逻辑上的"自我相同"含义相差甚远,根本不应该用"同一"来描述它。在一般的英语表达中,无法从事物的差异性中抽象或区分出来的同一性，即它们的相似性。因此，布拉德利先生事实上只是在这一点的基础上换了一个名头来攻击施通普夫和我的观点。当他坚持认为每种相似性都必须具有自身的内在基础时，便使"同一"的概念变得复杂，他相当于在说"每种相似性必须把自身作为其内在基础"。假如真是这样，我就不理解他为什么要和我争论，因为这恰恰是我关于所有简单的直接相似性的看法。莫非所有的麻烦来自"简单"这个词？——因为我在自己的书中确实不加注意地用过"简单的相似性"这个短语。但我的本意绝不是说，最简单的相似现象不会聚合在一起导致内在的复杂性，形成不可分离的复合物或其他某种神秘的东西。就我对"简单"一词的理解而言，当我们用这种方式来看待它时，最简单的想法也会变得最不可理解。这种方式背后潜藏着某种形而上学的立场。我相信，当布拉德利先生的新书出来之后，大家的疑惑就会解开。我自己从未想过超越心理学的领域，而在这个相对浅显的领域，我现在可以很自信地说，布拉德利先生绝非我的敌人，而是一位强大和受欢迎的盟友。

把事物作为一个整体来认识

一

意识现象的综合与统一问题,是心理学领域最重要的问题之一,围绕该问题的回答形成了不同的心理学学派。有时候,我们是通过一种心理状态认识一种事物,多种事物对应多种心理状态;有时候,对于同样的多种事物,我们通过一种心理状态就可以认识它们。这个问题涉及第一种情况的多种心理状态和第二种情况的单一心理状态的联系。在物理层面,人们普遍认为,诸种事物放在一起仍然是诸种不同的事物,只有心灵才会把它们看作是同一个事物,就像"H–O–H"在人类观察者眼里成了"水"。不考虑心灵之外的事物,当心灵将其自身的"内容"统一为一个整体时,这个过程可一点也不简单。

举一些大家最熟悉不过的例子就能说明这一点。我们有很多朋友,可以单个地想起他们;但同时,我们也可以把他们设想为一个整体,在房子里举办一场"聚会"。在多云的夜晚,我们可以看到这里有一颗星星,那里有一颗星星,但是当云层被风吹散之后,我们可以把这些星星看成是一个星座。在一杯柠檬水中,我们可以同时尝到柠檬和糖的味道。在一个主和弦中,若此前对这些音调很熟悉,我们的耳朵可以听出单个的C调、E调、G调和C'调。我们整个的经验领域都是如此,不论是概念经验还是感觉经验。常识和普通心理学都没有对此给出特别的解释。常识只是说"心灵将所有的事物整合在一起",普通心理学只说是把关于各种事物的"观念"结合在一起,至多承认"观念"的结合过程有待进一步的解释。然而,对于把事物作为一个整体来认识的现象,说它不过是一种"观念"的结合,事实上就是对该现象进行解释,但这不是理解问题的正确方式。我们要把握的现象是"把事物作为一个整体来认识"(Knowing Things Together),任何解释理论都必须针对这种现象本身,解释其中涉及的概念。

首先是"事物";然后是"认识事物";最后是把这些事物作为一个"整体"来认识。对于这几个概念,必须逐个地追问,"当我们使用它的时候,究竟是指什么意思?"这正是霍奇森所强调的问题,我们的同事富勒顿(Fullerton)也是一直这么教导学生的,视其为一切好方法的起点。而针对这几个概念,要给出精确的答案,恐怕得耗费毕生的精力。

这几个概念的确有它们的含义,且我们视其为真。不论可能包含什么样的混淆,它们至少指出了关于人类经验的一个基础性的事实,在座的各位都不能否认这个事实的存在。

二

那么,"事物"在我们这里具有什么含义呢?对于这个问题,我只能提供一种观念论的答案。这种观念论的哲学从贝克莱传到霍奇森,认为事物不过是思维,除了被给予的经验,我们不知道任何事物。当我看到眼前的一张白纸,白纸的性质和我的感觉的性质是一回事。即便科学告诉我们白纸的光滑性背后潜藏着分子结构,这种结构本身也只能被定义为一种进一步的经验、一种想象,想象各种粒子正在振动;假如被某种未知的放大装置放大,我们就看不到熟悉的白纸。事物可以是我的现象经验,也可以是其他人的现象经验,被或多或少地经验到;事物可以被所有人一起分享,其中有一份可能被视为最初的事物,其他的都是对它的表征;事物在不同的时候可能看上去很不一样,但不论它是什么,构成它的材料都是思维材料;不论我们在什么时候谈到心灵之外的事物,它要么不指向任何事物，要么指向某个曾经或将会在我们的内心出现的对象；或者，它是指有可能出现在其他经验接受者心灵当中的事物，后者类似于我们经验中的事物。

这就是"事物"。那么，说"认识事物"是什么意思呢？

认识事物的方式有两种：一种是直接或直觉性的认识，另一种是概念或表征性的认识。尽管像白纸这样的眼前事物可以通过直觉被认识，但大部分我们所认识的事物，如此时此刻在印度的老虎或哲学学术体系，都是以表征或象征的方式被认识。

为了表明我们的观点，首先来考察概念性的知识，以此时此刻在印度的老虎为例。当我们说我们认识那些老虎，这句话是什么意思呢？这种认识所对应的事实究竟是什么？

大部分人会说，认识这些老虎意味着我们在意识中拥有它们，尽管没有躯体，但它们以某种方式呈现给我们的思维；或者说，关于它们的认识就是存在关于它们的思维。在思维中存在，在现实中不存在，这种奇特的"不存在的表征"往往让人觉得神秘。由常识迂腐化而来的经院哲学把它理解为心灵中一种特殊的存在，即关于这些老虎的"意向内的存在"。但不管怎样，至少人们会说，认识这些老虎意味着我们在心理上指向（Pointing）它们。

然而，这里的"指向"是什么意思？什么是指向性的认识？

对于这个问题，我将给出一个非常普通的答案，它不仅否定了常识和经院哲学的先入之见，也不同于我阅读过的绝大多数认识论。简单地说，答案是：思维指向老虎，仅仅是指心理联想物与紧随其后的后果的列举和配对，从而使心灵能够和谐地融入某种虚构或真实的背景中，甚至可以直接面对这些老虎。例如，有了关于老虎的认识，我们可以把它们和美洲豹区分开来；关于它们，我们能够说出所有和已知真命题不冲突的命题。甚至，我们的行为可能灭绝直觉所认识的老虎，假如我们跨越大洋跑到印度去猎虎，带回一张虎皮做垫子。所有的这些，都不涉及心理图像中的自我超越（Self-Transcendence）。只要假设存在一个与之相关联的世界，对老虎的认识就属于一种物理事实，老虎属于另一种物理事实，它们对老虎的指向纯粹是一种普通的物理关系。简言之，观念和老虎本身之间的联系是松散、可分离的。用休谟的话来说，类似于任何两个事物之间的联系，指向在这里是一种外在的和偶然的操作。①

到这里，我希望大家都会同意这一点，即表征性的知识没有内在的神秘性，不过是一种物理或心理的外在媒介，连接着思维和事物。如此，认识一个对象就是通过世界所提供的某个背景走向这个对象。我们在布莱玛学院（Bryn Mawr College）的同事米勒（Miller）最先提出了这个观点，在去年的圣诞节会面的时候，在我犹疑不决的时候，是他的观点给我带来了启发，在此对他表示感谢。②

接下来我们考察对事物的直接或直觉性认识，就以眼前的白纸为例。当你盯着白纸看一会儿，思维材料和事物材料将变得不可区分，二者具有相同的性质，在思维和事物之间不存在媒介或相关的东西将它们隔离开。这里没有"不存在的表征"，没有"指向"，思维全方位地包裹着这张白纸。显然，这种认识不同于前面关于老虎的认识。在我们的经验当中，到处点缀着这样的直接认识。在一定程度上，我们的信念总是以白色、光滑性或方形这样的最终材料为基础。此类性质究竟是存在的最终特征，还是我们的暂时性假设，对当前的问题来说都没有关系。只要我们相信它，我们就在直面认识对象。那么，认识这么一个对象究竟意味着什么呢？假如一只真正的老虎出现在眼前，我们就必须从概念性认识切换到这种直接认识。

因为演讲时间限制，我必须简单地给出结论。我首先要说的是：这张白纸或经验中其他的最终材料有可能进入他人的经验，我们既可以在这里认识它，也可能在其他地方认识它；还有，它也可以被看作是一种表面现象，其背后隐藏着现在尚无法被我们经验到的分子结构；如此，就像前面关于老虎的例子，我们对事物的认识缺乏对应的经验，认识事物仅仅意味着通过世界提供的背景走向它。但是，假如我们把关于这张纸的私人经验从所有其他事件中抽离，想象这张纸就是宇宙的全部，那

---

① 某个地方的一块石头可能和另一个地方的某个洞"相吻合"（Fit），但只要没有人捡起这块石头放到洞中，这种吻合关系就仅仅是一个名称，表示此类行为有可能发生。对老虎的认识与之类似，它不过是一个预期的称谓，表示有可能发生进一步的联想和终结过程。

② 同见米勒博士论真理和谬误的论文，《哲学评论》，1893年7月。

么被看见的这张"纸"和对这张纸的"看"只是同一个不可分割的事实的两个不同名字,即现象或经验。纸在心灵之中,心灵包裹着纸,因为纸和心灵只是后来被赋予同一经验的两个不同的名字;在以它作为组成部分的世界中,我们可以从不同的方向来追溯它的联系。① 因此,直接或基于直觉认识对象,意味着心理内容和认识对象具有同一性。尽管这个定义和前面对表征性知识的定义很不一样,但它们有一个共同点,即都不涉及"自我超越"和"不存在的表征"这样的神秘概念,后者在普通人或哲学家眼中是观念知识不可或缺的一部分。那么,有没有一种经验能够为这些神秘概念进行辩护,说明其来源呢?

在我看来,可以在单一经验的不同部分之间找到"不存在的表征"(尽管不能在一种经验及其所指向的另一种经验之间找到,也不能在任何经验的"内容"和"对象"之间找到)。让我们到最简单形式的经验中去寻找。具有这种神秘性的最小经验是什么呢?经过仔细寻找,你会发现,再小的经验也可以表现出这种神秘性。最小的意识形式是对时间流逝的意识。经过进一步的反思,我们发现这种细微至极的感觉包含两种子感觉,首先是对"前"的感觉,其次是对"后"的感觉,感觉到两者之间具有连续性。霍奇森对此有过了不起的研究,② 他表明事实上不存在"当下"(Present Moment)这样的材料,没有这样的内容和对象,它只是一种不真实的、抽象思维的设定。"流逝的时刻"(Passing Moment)是唯一的对象;在理解时间现象的最初记忆中,"前"和"后"在经验中的呈现,互相以对方为条件,只能同时出现。

---

① 经验可以从两个宏大的联结系统来考察:一个是经验主体的心理历史,另一个是世界上被经验到的事实系统,"经验"分别构成这两个系统的组成部分,事实上可以被看作是二者的交叉点。如下图所示:

以纵轴代表心理历史,由于同一对象有可能出现在其他人的心理历史中,所以有无数条纵轴。因此,它不再是一种私人性质,而成了一种公共事物。我们可以通过这种方式追溯它的外在历程,见图中横轴。(它也可以在纵轴的其他点出现,以直接或概念的方式被认识,因而其外在历程的线条应该是随机的,这里为了方便,我把它画成了直线)无论如何,填充这些线条的是同一种材料。

②《关于反思的哲学》(Philosophy of Reflection),第 1 卷,第 248 页脚注。

这就是我们对时间的认识。往前冲是思维的永恒特征，它总是打破平衡，一直处于过渡状态，直至冲破黑暗变得明朗。在这种变化中，我们的经验呈现为连续的事实。在一切变得明朗后，我们把经验作为一个独立和连续的整体。每当知觉逐渐增强的时候，每当回忆越来越清晰的时候，每当欲望渐渐得到满足的时候，这些渐变现象的本质不过是一种连续的空洞性（Emptiness）和充实性（Fulness）。在欲望没有得到满足时，这种空洞性体现得更加明显，乃"当下"唯一的意义。在通常不涉及欲望的思维活动中，可以体验到同样的现象。当我说"苏格拉底是凡人"时，说出"苏格拉底"的那一刻是不完整的，它通过纯粹"是"的运动，往前冲入"凡人"。对心灵而言，这才构成一个完整的经验。

　　在最细微的经验中，作为对象，经验是感觉的变化（Change of Feeling），作为内容，经验是对变化的感觉（Feeling of Change）。如此，就实现了绝对的、本质性的自我超越。在作为整体的内容和外在的客观事物之间，我们认为这种自我超越是一种幻象。而在构建我们的物理世界和精神世界的原初材料中，我们同时发现了"不存在的表征"和"把事物作为一个整体来认识"的原型，后者正是我们所要讨论的问题。[①] 过去和未来构成了最小经验的组成部分，就像其他经验可能具有很多组成部分。大多数此类经验都是同时被感知到的，而不是以直接的方式被前后相继地感知到的。视野、音乐的旋律、柠檬汽水的味道等就是很好的例子。但这里的要点没有变——总是被认识为一个整体。我们无法把意识中的某个部分与其余部分相隔离。被给予物总是会聚在一起，

---

① 在我看来，这一点和我们关于时间与空间的心理学有些类似。我们对空间的原始直觉是一个单一的视野；我们对时间的原始直觉仅涵盖数秒钟；但通过把无数的单一视野和无数的单一原始时间直觉串在一起，我们形成了"广袤"（Immensity）和"永恒"（Eternity）的概念，把过去发生的事情和一切事物囊括其中，事实上我们对它们真实的间隔并无明确的认识。在这里也是如此，不可分的原始材料当中的成分彼此牵扯、相互渗透，给人一种"这就是……"的感觉，让我们形成了"认识"的原始直觉。把这种直觉加以扩展，便构建出了宏大的知识网络概念，从一个经验覆盖到另一个经验，略过中间的信息，直到我们到达最遥远的地方。如我们所看到的，这种认知是建构性的。但是，就像有些心理学家认为空间观念不是由原始空间直觉联合在一起构建出来的，认知也可能被认为是直接的，不是按照原初的给定模式建构出来的。如此，知识在"经验"这么一个狭小的角落引入了各种伪存在，如"不存在的表征""自我超越性的存在"等。但是，这么做似乎很难行得通。

相互渗透，不存在牢不可破的"黑点"，从任何角度来看都不会有"盲点"。我们能够说明这种"复杂事实作为一个整体得到认识"的情况吗？

它的一般性质很可能永远得到不解释；"多"是如何统一成"一"的，这似乎是一切经验的最终本质；少了这一点，经验也就不成其为经验了。不过，把具体事物作为一个整体来认识的具体条件，也许可以被我们把握到。接下来，我想把时间留给这个不那么艰难的任务。

三

首先我想说的是，我并无任何积极的解决方案。我唯一的希望，就是通过给出一种简单的分类，为你们提供一个更好的基础；也许在下次会议召开的时候，有人得出了我无法得出的结论。

一个事物和另一个事物作为一个整体被我们认识的第一个条件是"事件"（Event），且经常是一个纯粹的物理事件。某个人突然进入了我的视野，于是成了视野的一部分。往舌头上滴一滴古龙水，同时堵住鼻孔，仅仅品尝它的味道，然后再松开鼻孔，古龙水的气味和味道相互渗透在一起。从表面上看，把这几个事物作为一个整体来认识的充分条件似乎是：认识它们的物理条件是同时出现的。但是在其他案例中，我们又会遇到完全相反的情况，即不同事物的物理条件同时出现，而它们并没有作为一个整体被认识。同样以古龙水为例，也许在我沉浸于古龙水经验中的时候，可能敲钟了，而我却没有听到钟声。在钟声响过之后，也许因为注意力的转移，我又想起了钟声，甚至在记忆中数它响了几声。这时候，对钟声的认识多了一个心理条件。视野也是如此，我可能完全忽视视野的变化，没有注意到有一个人出现，直到内在的注意力让我突然看到此人。近来关于催眠、歇斯底里和恍惚状态的研究让我们对此类奇特的意识分离现象有了更多的认识（相较于所有的心理—物理实验成果，此类研究更有助于我们了解人性）。在这种情况下，听到"暗示"，进入或离开恍惚状态，决定着视野中的人有没有被注意到，决定着一系列相关的记忆是否单独或与其他物体一起呈现给心灵。事实上，任何对象都需要得到注意力的关注才能进入意识，无论外在条件有多充分。除了外在的知觉条件，还需要内在的注意力，在我看来，这一点足以驳倒关于意识统一性的联合主义理论，后者认为，不同意识状态的共时性存在就足以使不同对象作为一个整体被认识，一种意识状态对应一个对象。大量事实表明，观念的共时性存在是不充分的。格尼（Gurney）、比奈（Binet）和珍妮特（Janet）给出了分裂意识同时存在的案例，主体的认知领域被划分成不同的区域。这些案例是对联合主义理论最有效的驳斥。

认为意识的统一性一定是由某种因素促成和导致的，这是反联合主义的心理学家最大的优点。[①] 他们坚持认为，必须特别地说明意识统一性的形式，而极端的联合主义者总是回避这个问题。

接下来让我们简要地看看反联合主义者对自身与联合主义者所做的主要区分，有哪些因素促成了意识的统一。

注意力——我们说，注意某个对象就是把它和其他已经得到关注的内容放在一起；有人认为，对这种能力的命名就足以说明它是一个决定性的"事件"。不过同样明显的是，注意行为本身需要得到进一步的解释，由相关的理论给出。

关于具体事物是如何被作为一个整体认识的，我们可以找到四种主要的理论，[②] 分别是生理学的、心理学的、泛灵论的和先验论的。关于生理学或"心理—物理"的理论，可能有很多变种，但必须记住，它们都没有超出经验规律的范畴。一种心理—物理理论可能会把先决条件和对应的结果联系在一起，但无法作为一种内在的理由，解释为何不同事物

[①] 因时间仓促，在这里，我要做的仅仅是基于实验数据来论证，一个对象若想把自己呈现给心灵，除了满足知觉条件，还需要满足某种额外的条件。联合主义理论似乎认为，"A 是已知的"，加上"B 是已知的"，就可以得出"A 和 B 作为一个整体被认识"。对其中的逻辑矛盾，我没有发表任何看法。相关的批评已经有了，对不接受这种批评的人，说再多也没用。诉诸意识分裂的真实案例也许更具批判力，但即便如此，他们依然会置若罔闻。

[②] 出于彻底性的需求，也许还可以提到机械论的和化学类的理论，就像赫尔巴特（Herbart）、施泰因塔尔（Steinthal）等人的观点所包含的。他们清楚地看到，共时性的存在不代表组合在一起，他们认为观念与观念之间具有动态的相互影响；赫尔巴特把这种影响叫作压力和阻力，施泰因塔尔把它叫作精神吸引。不过，由于他们很少谈论此类理论的哲学基础，因而最好把它们看作是一种隐喻。后面还会和泛灵论者一起提到赫尔巴特。

会作为一个整体被认识。这种解释超出了心理—物理规律的能力。①

回忆（Reminiscence）——从经验上我们可以知道，在不同事物能够被当作不同的对象得到整体认识之前，我们就已经前后相继地把它们认识为一个单一的整体。② 例如，A、B 和 C 分别代表首次出现的外在事物，当即对我们的感官造成影响，我们会不加区分地把它们认识为一个整体内容，该内容以象征的方式指向 A、B、C，但不会作为一个一个的部分，分别代表 A、B 和 C。把 A、B、C 想象成不同的颜色，或某个音调及其泛音，你就会知道我说的是什么意思；但它们被我们看到或听到时，是呈现为一种单一性的新感觉，而不是感觉到三种内在的部分，关于 A、B、C 的三种感觉"熔合"在了一起。另外，在假定的条件下，似乎也没有理由认为产生了三种不同的感觉。我把这种现象称作"无差别的整体性认识"（Indiscriminate Knowing Together），因为在这种情况下，我们至多可以说，此认识内容与 A、B、C 相似，只是在事后有可能分别认出它们。

不过，假如我们此前单独经验过 A、B 和 C 并留下了关于它们的记忆，那么我们得到的内容就完全不同了，借助记忆，A、B、C 作为一个整体被认识，同时又可以根据内容的不同部分，分别认识它们。这叫作观念的"捆绑"（Colligation）或"链接"（Verknüp），与之前的"熔合"不一样。不论怎么称呼，都可以看出它的生理学条件比第一种情况更加复杂。在两种情况下，A、B、C 都对我们的感官产生了影响，但是在第二种情况中，多出了更高层次的记忆模块的合作。简言之，"差别性的整体认识"（Discriminative Knowing Together）涉及更高层次的记忆程序。是高层次的记忆程序赋予经验以统一性，低层次的知觉程序仅

---

① 在寻找意识的传递脉冲的条件时就已经看到了心理—物理规律的无能为力。在生理学上，意识的传递脉冲不过是不断生成和结束的大脑过程的交叠。第一眼看上去，大脑过程和它们的心理后果都包含时间和变化，因而具有相似性，可能构成心理—物理对应的真正原因。但是，当我们提出"形而上学的"问题（为什么每个大脑过程不分开？为什么时间量是这些，而不是更多或更少？）时，就会意识到这仅仅是一个经验性的视角。

② 最新的经验研究参见赫伯特·尼科尔斯博士（Dr.Herbert Nichols）的《我们的数字和空间概念》（*Our Notions of Number and Space*），波士顿，1894 年。

仅导致经验的"熔合"？这个建议也许有待做进一步的研究，但它面临两条充分的反方证据：其一，附属于皮质下核心的人类意识只是一种潜意识（假如有的话）；其二，在大脑皮质中，我们尚不能区分知觉程序和观念程序。有可能前额叶起了一定的作用，冯特假定那儿是统觉器官（Apperceptions Organ）的所在地。无论如何，可以确定的是，我们目前对大脑皮质的功能尚不够清楚，有待未来做进一步研究。

协同（Synergy）——主张在生理学的层面上"一"先于"多"的理论，这和我们的同事鲍德温与梅贝格（Müberg）正在做的理论刚好相反，后者认为"多"走向"一"的条件是它们本身形成了一个动力势态（Motor Discharge）；动力势态最后才有，在生理学上，"多"在前，"一"在后。一个打印出来的单词作为一个对象被把握，同时单词中的每个字母被看作是它的一个部分。我们的秘书卡特尔（Cattell）很早就发现，肉眼识别由四或五个字母组成的单词，和识别单个字母的速度差不多，甚至要更快。这里的识别是指发音的动力过程，之所以速度快，是因为特定组合中的所有字母在发音行为中合作无间。我想，此类行为应该构成鲍德温和梅贝格所主张的理论的基础，尽管细节上有区别。当然，在他们还没有完整发表之前妄加揣测是不公平的；我只能说，希望这一天早点到来。

值得一提的生理学理论只有以上这些。为简略起见，我们直接进入心理学的解释。这些解释的起点是，被看作是一个更大对象的部分内容，往往被感知到与其他部分具有某种联系。相应地，决定一个对象能否进入意识的事件，被描述为一种关系性的思维行为（Act of Relating Thought）。它具有两种形式：

与自我建立联系——有人认为，除非与自我建立联系，否则任何东西都不能进入意识。最小的可知物不是纯粹的对象，而是"对象和自我"。

与其他部分建立联系——还有人认为，一个对象若与意识内的其他对象建立联系，则可以进入意识。未能建立这种联系，意味着完全不能被认识。在联系中呈现，就是与其他对象一起呈现。假如联系是某种特殊大脑程序的关联物，那么它对知觉程序的补充就构成了目标事件。但是，关于大脑的生理学尚未发现任何此类特殊程序，因而我把这种解释看作是纯心理学的。对于它的普适性，似乎存在一个致命的反驳，因为对自我（假如自我存在的话）的指涉在很多时候必须是潜意识的；且通过内省我们知道，很多时候，在半醒半醉状态下感知到的事物之间的联系最模糊、最难被确定。

个体性的灵魂——接下来是泛灵论的解释。我用泛灵论来指代所有的个体主义灵魂理论。不谈以前的泛灵论，在现代，有两种观点借助灵魂来统一"多"。例如赫尔巴特，他认为意识的统一性源自灵魂本身的统一性，它所有的自我保存（Selbsterhaltungen）必然具有这种形式。另一方面，我们的同事拉德（Ladd）认为，意识统一性的真正来源是灵魂的统一性行为，灵魂对自然分离的感觉材料施加了进一步的统一行为，这种行为无法被任何一种心理—物理规律把握到。必须承认，科学界对灵魂的偏见是不明智的，更多的是出于对神学迷信的憎恶，而不是基于某种逻辑推理。但是，灵魂是一种"实体"，是最不好的那种实体，一种"经院主义的实体"；关于它，产生了特别大的争议，因此最好不要涉及。就我自己来说，我承认我对灵魂的憎恶由来已久；不过，对于这种憎恶，我自己也没法给出一种满意的解释。假如灵魂真的存在，那我将不得不承认，可以把它作为一种解释原则，视其为统一的媒介。然而，除此之外，我发现自己绝不会主动用灵魂来解释心理学的问题。有很多人和我一样，且没几个人能说得清自己为什么不喜欢这个概念。因此，我们这位来自耶鲁的同事真的不一般，仍然明确地忠于这个不受欢迎的概念。但愿他即将出版的著作能够扫清我们的盲目和敌意。①

但我们的敌意不是没有道理。例如，当你说具有不同内容的三个对象 A、B、C 通过灵魂的统一行为结合在一起构成了复合内容 ABC 时，

---

① 也许我应该在文中把对拉德教授的引述删掉，因为我只是基于自己对他的《生理心理学》（*Physiological Psychology*）的印象做出的引述。现在，从他在普林斯顿会议上宣读的论文和刚刚出版的《心灵哲学》（*Philosophy of Mind*）可以看出，他不相信老式的本体论意义上的灵魂。回头再看他的《生理心理学》，我想自己在这里误解了他的意思。不过，我怀疑他在写作这本书的时候，并未完全与之割裂。他当时的思想和现在联系，类似于洛策的《医学心理学》（*Medical Psychology*）与《形而上学》（*Metaphysic*）之间的联系。不过，为了使文章显得更加自然，我没有对他在普林斯顿会议上宣读的内容做修改。

你不过是说它们统一在了一起，除此之外没有更多的内容，除非你说出灵魂是如何把它们统一起来的。再比如，皮埃尔·珍妮特（Pierre Janet）研究过患有歇斯底里症的女性，她们在精神上走向了分裂，其灵魂再也不能把她们的经验材料联系在一起，尽管这些材料仍然可以被碎片化地意识到。灵魂失去这种能力的条件是什么？这是灵魂本身的无能？或者是因为生理学条件失能，未能充分地激发灵魂完成自己的合成任务？"如何统一"的问题假定了灵魂的结构具有足够的统一能力。逻辑教科书告诉我们，一个假说所假定的存在，其结构除了能够解释它应该解释的现象外，还应该具有其他的成分。例如，物理学家在假定"以太"（Ether）时，还假设它具有很多偶然性质。然而，我们不知道灵魂具有何种特殊性质或结构。不过，既然具体条件决定着它的活动，那么它必然具有某种结构。不管怎样，我们都应该知道这些事实。但正如前面所提到的，灵魂解释原则不仅没有回答这样的问题，甚至没有提出问题。假如要把灵魂作为一个有用的概念和原则引入心理学哲学，那么它必须"洗心革面"。这属于唯灵论心理学家（Spiritualist）的工作，且这项工作不是一两年就能完成的，很可能需要他们付出一辈子的努力。①

世界灵魂——第二种唯灵论的（Spiritualistic）理论也许可以被称作先验论。我认为它很典型，不少人有过相关的阐述。先验论用一个总体灵魂来解释事物，所有单独的灵魂、知觉、思维和经验材料都构成总体灵魂的部分。对先验论而言，每个事物与其他事物作为一个整体被认识的真正条件就是做它自己，因为它和一切事物总是作为一整体为总体灵魂所把握。这种意义上的"作为整体被认识"，是生命最深处的实在，不能被看作是个体灵魂的劳动成果。个体灵魂理论从分离的感觉材料开

---

① 把灵魂作为一条统一性的原则，有三种方式。其一，灵魂把已有的生动性知觉（或其他心理材料）简单地"编织"成一种；这时候，统一性仅仅出自灵魂，构成"多"的原始材料也构成"一"的原始材料。其二，灵魂对预先存在的心理之"多"做出固有的反应，综合性的"一"是这种反应的结果；除了创造了新的形式，还在里面仿造了"多"中的旧材料，以"一"替换"多"，以备使用，使"多"进入潜意识，但不压制它的存在。其三，"一"可能是灵魂对生理学而非心理学之"多"的反应结果；在这个时候，根本没有预先存在的知觉或观念，综合性的"一"是一种最原始的、由各个部分组成的心理材料。

始，然后再说明"多"是如何成为"一"的；先验论的解释理论则是从"一"开始的，它需要说明"一"是如何表现为"多"的。简言之，个体灵魂理论的问题在于解释统一性，总体灵魂理论的问题在于解释隔离性（Insulation）。只要移开"隔板"，事物就会回归自然本性，成为总体灵魂的一部分，与其他事物作为一个整体被认识。最简单、最自然的"隔板"就是有机体的身体。就像管风琴的管道在释放受压空气时只会发出单一的音调，我们的大脑也只能通过无数真相的"涓涓细流"，阻塞越严重，隔离就越多；阻塞越轻微，隔离就越少。一般而言，先验论的哲学家不怎么涉足心理学。不过，没有理由认为他们以后不会像其他人那样深入心理学的领地，建立一门心理—物理科学解释我们的认知为什么有宽有窄，涵盖一般的心理—物理学家可能发现的所有事实。相较于其他心理—物理学家，他们的优势在于不需要解释为何事物作为整体被认识，因为世界的终极本性就是如此。

  以上就是我对"把事物作为一个整体来认识"的方式的总结。你们应该可以看出，我并未提供新的洞见，不过是一些闲话而已。但既然闲话说到这里，干脆我再讲讲我在《心理学原理》中对该问题所持的立场。你们肯定还记得我的立场是什么，一年前在纽约举行的会议上，来自宾夕法尼亚大学的同事对它进行了猛烈的批判。[①] 我的立场是，心理学应该把"我们如何将事物作为一个整体来认识"的问题完全剔除出去，不要把它看作是自然科学的一部分。我说过，它是一个形而上学的问题。我们有时候认识单一的事物，有时候把不同的事物作为一个整体来认识，这是事实。意识状态是知识的载体，意识状态依赖大脑状态，这是另外两种事实。我认为，心理学作为一门自然科学，应该仅限于追溯这三种事实的功能性变化，找出心灵在认识确定的事物或事物群时，身体和大脑处于什么样的状态。大部分心理状态只能被命名为"关于某对象"的思维，或者"认识某对象"的思维。大部分认识复合事物的思维属于独

---

① 《心理学立场》(*The Psychological Standpoint*)，《心理学评论》，第1卷，第113页，1894年3月。

一无二的心理实体，完全不同于对应单一对象的简单心理状态的堆积。[①]我说过，我们应该把它们单独视为一类实体，承认它们的认知功能同样具有复杂性。假如一种心理学既不能从根本上解释事实，又没有描述事实，那么它要么陷入自相矛盾（就像联合主义心理学那样，认为多个观念"熔合"成了一个观念），要么借助某种空洞贫瘠的原则，假装解释了事实（就像灵魂解释理论那样）。

我的出发点是好的。一门比我们当前的心理学更完整的自然科学也许无须放弃这个问题。和其他人一样，我也希望心理学能够得到他人更多的认可和敬仰，尽管它在现实当中经常被人误解甚至蔑视。不过不用担心，在这里我不是要为它的不成熟进行辩护，而是要直接放弃这个问题，从而让事情变得更和谐。自《心理学原理》出版之后，我相信传统的限制无法让形而上学和认识论远离心理学。而且，我比以前更清楚地看到，仅通过认知功能来命名心理状态，导致我们谈论梦和幻想的方式显得很勉强，谈论情感状态的方式也十分不自然。因此，今后我更愿意把心理内容看作是复合物，就像它们的对象，甚至在心理学上也是如此。不是因为它们的组成部分是分离的，就像其对象那样；不是因为它们是某种永恒或准永恒的个体性存在，就像其对象的部分那样；它们本身就

[①] 若它们属于概念性的认知，则与简单状态完全没有相似性。若它们属于直觉性的认知，则有可能与简单状态具有或高或低的相似性。柠檬汽水中的酸味和甜味，虽然和柠檬汁的酸味及糖的甜味很不一样，但足以使我们把它们从复合味道中识别出来。从和弦中识别出来的音符和单个的音符听起来不一样；在色彩斑斓的视野中，不同的颜色相互映衬，色调和亮度彼此渲染，看起来和它的"本色"很不一样。有时候，这种差别很轻微，以至于我们有可能忽视它们对复合内容的表征，就好像它们不过是一堆原初简单状态的集合，分别表征对象的不同部分。例如，在科尼利厄斯（Herr H. Cornelius）给出关于事物的真实心理状态的描述之后，迈农教授（Prof. Meinong）甚至还为极端的联合主义立场辩护。在他看来，组成和弦的单个音符在和弦中没有任何变化。不过他没有意识到，同一个对象（如音符）既可以通过复合的心理状态得到表征性的认识，又可以直接通过简单心理状态被认识，且复合状态与简单状态之间不一定具有相似性。在我看来，迈农在早期的《关于感觉的概念和属性》（*Ueber Begriff und Eigenschaften der Empfindung*）中对这个问题的处理要更加合理一些，他说在具体的"红色"感觉中，颜色特征不是感觉的抽象部分，而是一种外在的相似关系。我要说的是，和弦中的C、E、G和C'就是如此。如果愿意的话，我们可以把它们看作是和弦的组成部分，但它们和其他地方的C、E、G和C'不一样，不是可分离的部分；它们仅仅和其他地方的C、E、G和C'具有一定程度的相似性，被我们以表征的方式认识到。

是一种整体性的存在，其部分依赖这种整体性的存在而存在。只不过，我们仍然说它们有这个部分或那个部分。假如你们当中有人赞同我的观点，那么我希望你们能够牢记这项新达成的协议所赋予的责任，抛弃关于"自我组合"或"灵魂统一"的荒谬说法，更多地揭示心理状态独一无二的复杂性；只有这样，我们的这种和解才算给心理学带来了真正的回报。

赫伯特·斯宾塞辞世

随着赫伯特·斯宾塞先生的去世，我们又少了一位最有影响力的英国思想家。斯宾塞先生的影响可以从两个方面来评价：其一是影响的广泛性和直接性；其二是影响的深远性。论其影响的广泛性和直接性，斯宾塞甚至可以排在达尔文前面。达尔文的影响主要体现在专业领域，他的方法、理论气质和研究成果，对和他有过直接接触的学生有着同样程度的影响。但是在公共领域，他的影响不算大。随便挑出 20 位自认为对达尔文主义有所了解的人，几乎没人读过他的原著。斯宾塞则不同，他的影响不仅广泛，而且很直接。成千上万的非专业学生读过他的原著，对这些读者来说（他们在乎的不是他的方法或理论气质），斯宾塞先生为他们提供了一个简单、宏大和新颖的世界体系，万事万物在其中具有简单的透视关系，所有的解释都是通用的，它们在现实中带来了一种模糊的乐观主义精神，而这种乐观主义精神在现代生活中又非常重要。在这种巨大的成功中，斯宾塞先生把理论建构放在第一位，不怎么重视对方法的批判。假如一个人打算另起炉灶构建一个体系，那么他相当于成功了一半，因为不需要浪费时间去清理旧的理论，他的理论自然使其他理论显得陈旧过时。在这一点上，很少有哲学家比得上斯宾塞先生，他把这种品质发挥到了极致。他写道："谁都可以生动地想象出，世界通过逐渐地整合与分化，随着异质性和结构融贯性的累加，从一团原初之火中演化而来；谁都可以想到，生命和精神生活是一种以符合环境为目的的永恒变化；谁都可以想到，父母的罪恶或美德可以遗传给儿女，一代又一代地积累下去，只要这个种族承受得起。"

然而，若想近距离地考察斯宾塞的理论，以便对其在思想史上的地位做出更准确的定位，就会发现这项工作并不容易。他的性格非常独特，相较于其著作所涵盖的广泛领域，他所展现出来的个性是如此狭窄和有棱角。笔下功夫如卡莱尔一样优秀的人，也许才有可能描绘出斯宾塞先生性格的利弊，像我这样的人则肯定做不到。事实上，假如卡莱尔本人愿意尝试这项工作的话，也很可能失败。因为性格与众不同，对他的描绘很可能会凸显他的渺小而忽视他的伟大。一般而言，能够被卡莱尔笔下人物导致情绪激动的人，在斯宾塞先生那里也会发现某些令人气愤的东西。他一点也不温和，缺乏幽默感和生动性，没有诗意，对生命的描述过于直接、机械和苍白。有批评家给他起了一个名字叫作"哲学数列"（Arry of Philosophy），另有人说他就像一座"哲学锯木厂"，年复一年输出一段又一段、一章又一章、一本又一本的哲学作品，它们彼此相似，就像一块块笔直的木板，整齐划一。还有人说："他的介入足以使所有的真相变得平淡如水。"

虽然每个人的心中都有一个不一样的哈姆雷特，但斯宾塞的所有读者都能够看到他的这个特点，激起类似的反应。不过，他比同时代的人更早地领会到一个伟大和耀眼的真理，即进化的真理，后者融入了他的骨血之中，而且表现出一种主流思想史上很少出现的固执，将其应用到生活的方方面面，直至所有学科的每个角落。假如这些成果还没有体现出一个人的彻底性和真正的"预言精神"，那就没有什么可以做到这一点了。此外，尽管斯宾塞的思维方式在本质上是演绎和先验推理，从普遍性的抽象原则导向具体的事实，但他的著作还有一个令人印象深刻的地方，那就是引用了大量支持其结论的事实，不停地加入最细微的细节。即便是反对先验原则的培根主义哲学家，他们用到的事实在数量上可能还不到这位先验主义者所列举事实的一半。坚定不移地运用大量事实，这一点使斯宾塞先生的表述特别占地方，即便讨论的主题很小。因此，他有些著作的篇幅实在太长。最明显的例子有《礼节和时尚》（*Manners* and Fashion)、《笑声的起源》(The Origin of Laughter)、《不合逻辑的地质学》(Illogical Geology)以及对贝恩《情感和意志》(Emotions and Will)以及欧文《脊椎动物骨架原型》(Archetype of the Vertebrate Skeleton)的评论。在他所有的社会科学著作中，从《社会静力学》(Social Statics)到《公民对国家》(The Man Versus the State)，都表现出了同样的特征。尽管斯宾塞对某些事实的认识谁都比不了，但他可能算不上学识渊博。他的好奇心似乎是断断续续的，例如，他的外语能力不强，对哲学史的了解明显不深。简单地说，他是基于特定的目的，有选择性地搜集事实；对有用的事实，他一个不漏；而对和目的不相干的事实，他一点兴趣也没有。

斯宾塞先生对宗教的态度在一定程度上自相矛盾。在这个问题上，他的真诚和直率可能没几个人比得上。其《第一原则》(First Principles)中所谓的"不可知物"(The Unknowable)，承认事物的终极神秘性和某种至高无上的实在的存在，并对后者做出了特别的强调。但是从整体上来看，他是一位没有宗教信仰的哲学家。在他体系中，形而上学的绝对（Absolute）难以言表，不是那么活跃，取而代之的是绝对物理学（Absolute Physics）。关于事物的终极神秘性，他所说不多，仅仅在一个章节中进行了讨论，然后彻底地束之高阁；对于具体事物所展现出来的神秘性，则很快给出了解释。生命被解释为一种复杂的机制，意识不过是一种"经过改造"的物理力量，诸如此类。在斯宾塞对个人主义的辩护和对社会主义的批评中，也存在类似的不一致性，且极其明显，以至于让人怀疑他的思想是从两个彼此独立的核心出发的，并忠于两种不同的观念。首先是关于个人自由的英国古老观念，最高表现形式是"放任自由"(Laissez Faire)，他 1851 年出版的《社会静力学》对此有过强烈的呼吁。其次是普遍进化论，斯宾塞先生在接下来的十年里似乎深陷其中。斯宾塞主义的进化规律从本质上说是统计学意义上的。其"整合""分化"等概念所描述的是集体的表现，而很少考虑个体的行为。个体行为淹没在整体之中。斯宾塞先生关于社会中的个体的论述总是给我们这种印象（除非我们的记忆出错）：他所做的是对进化过程的整体描述。理所当然地，他否定自由意志，鄙视英雄崇拜，将社会变化归因于整体条件，而非个人因素，并尽一切可能弱化具体的个人，个人被裹胁在社会潮流之中。然而，在斯宾塞先生的政治学著作中，我们又发现了完全相反的情况，其中处处体现了对个人的绝对依赖性。对其有过深入研究的人，也许可以在他的体系中看到这两种倾向的结合点。但是在我们眼里，显然看不到二者的相关性。

即便如此，相较于斯宾塞先生的其他著作，其伦理学和政治学著作在我看来已经算是最出色的了。他的生物学、心理学和社会学著作很快就会过时，不过，由于古老的英国个人主义精神不同于科学，在人类生活中很少发生变化，斯宾塞先生在这方面的论述还是值得一读的。毫无疑问，《伦理学素材》（Data of Ethics）是其《综合哲学体系》中最有价值的部分。不过，这不是因为它第一次使伦理学成为科学（尽管在他看来这是此书的首要价值），而是因为它表达了他对人类生活的理想憧憬。一种包罗万象并得到有力表达的人道主义理想，永远能够影响世界的命运走向。因此，《伦理学素材》在一定程度上经得起时间的考验。

《生物学原理》（Principles of Biology）和《心理学原理》在一定程度上已经过时。在《生物学原理》中，斯宾塞先生以机械的方式粗略地解释了生命形式的起源。今天在繁殖和遗传问题中涉及的复杂因素，在他写这本书的时候还没有出现。

《心理学原理》也是如此，也许可以说，除了一条得到诸多事实支撑的一般性观念，里面没有多少有价值的东西。一种观念认为，心灵是在和环境的互动中成长的，不能将二者分开来研究。然而，这种观念源自19世纪50年代和60年代，而不是今天。其《社会学原理》（Principles of Sociology）的时效性可能相对更长，它出现的时间更晚，里面总结了经过精心整理的大量人类学事实，值得重视。然而，作为其哲学体系的一个组成部分，其价值可能微不足道，因为他总是时不时地指出这些现象很好地诠释了他的进化规律，而把后者应用于社会事实似乎不大合适，不过是敷衍了事和流于形式。把社会性事实理解为一种整合物质和分散运动的机械变化，这种做法太过勉强，不够自然。在其《综合哲学体系》中，严格说来，最没有价值的应该是《第一原则》，但是在读者圈里的——多么地讽刺——认可度最高的很可能是这本书。

然而，像斯宾塞这样的人，不应该基于他犯的具体错误去评价他，而应该基于他的勇气去评价他。他试图从整体上去了解真相，他给我们带回了一种古老的哲学理想，这种理想在洛克之后接近成形，即追求一种"完全统一的知识"，以平等的方式处理物理世界和精神世界，并将二者统一起来。这是古希腊最初的哲学理想，斯宾塞在这一点上类似于亚里士多德。但是，他的表现却更像笛卡尔，后者的机械进化论风靡他所处的时代，就像斯宾塞的进化论风靡我们这个时代。尽管斯宾塞在细节上没有取得笛卡尔那样的成就，如解析几何、折射光学、反射作用和眼睛知觉的发现，但他的道德品性却比早期哲学家更能激起人们的认同感。笛卡尔的生活绝对是一种利己主义，向那个时代的权贵卑躬屈膝。斯宾塞先生则把自己的才华和能力贡献给了全人类，很少有人能够像他那样完全忠于自己的理想。

给保尔森《哲学导论》作的序

我非常乐意给大家推荐保尔森教授（Prof. Paulsen）的《哲学导论》（*Introduction to Philosophy*）。多年来，在柏林大学学习的美国年轻人都知道保尔森教授的课非常有吸引力，他的"哲学导论"课对学生有着巨大的影响力，让他们认识到学习哲学不仅仅是追求一种专业性的哲学事业。两年前，其课程讲义结集出版，故有了此书。保尔森教授于1846年出生在石勒苏益格－荷尔斯泰因州（Schleswig-Holstein）的一个农民家庭，1871年在柏林拿到博士学位，1875年成为一名编外教师，1877年担任助理教授，1893年成为一名全职教授。他的哲学气质在本质上是伦理学的。对他而言，哲学必然与积极的人类理想联系在一起，否则什么也不是。除了此书，他的主要著作是伦理学和教育学方面的，其《德国大学史》（*History of German Universities*）刚刚由哥伦比亚学院的佩里教授（Prof. E. D. Perry）翻译成英文，1895年在麦克米伦（Macmillan）出版社出版。其写作风格清晰明了，读来让人耳目一新，即便是英语国家的读者也毫无违和感。这一点既反映了他的内心世界，也体现了他高超的专业素养。

关于自然，他始终有两种思考方式。例如，对基督教而言，自然是虚假的，和一个更加真实的、看不见的世界相对立。自然是我们必须首先放弃和逃离的表象；对泛神论而言，自然和不可见世界的关系不是对立的，世界只有一个，自然属于其中的可见部分，还有一部分不可见。假如我们把同时承认宇宙遍布机械决定关系的某种泛神论称作自然主义（Naturalism），那么《哲学导论》的目的就是要把自然主义与宗教信仰衔接起来，使其和谐共存。保尔森教授认为一种哲学思想不应该仅仅涵盖人类心灵。在洛克之前，哲学的目标始终是对所有存在的所有可能性给出统一的说明。在保尔森看来，哲学不应该放弃这种理想，因此，哲学不应该和自然科学相分离。但自然科学却越来越倾向于一种原子论的唯物主义，而原子论的唯物主义无法解释意识，意识的存在被保尔森的一位同事称为"绝对的世界之谜"。如保尔森所言，任何理论，若主张精神完全不同于物质，认为它和物质世界的关系不可解，都是不充分的。相应地，他用一种观念即一元论（Idealistic Monism）或现代物活论（Modernized Hylozoism）来取代物理原子论。他认为这种得到归纳论证支持的理论至少算得上是一种科学假说；后者提出，宇宙的各个部分是活的，同时作为一个整体也是活的。通过类比我们直接的经验生活，他认为存在应该无所不在。在经验当中，相较于知觉和推理，感觉和本能的欲望更加原始；相应地，低于人类的那一部分世界，其内在生活更加有欲望和蠢蠢欲动；世界整体（我们居住其中的球体和星光灿烂的天堂）的灵魂包含着我们的理性灵魂，知道我们所知道的一切以及更多。近年来，心理—物理的一元论出现了大量的支持者，但没人比保尔森更具说服力，因为他的论述不那么晦涩和武断，行文标准，饱含真诚。甚至可以说，表达方式上的优势就足以说明他对这种自然主义观点的阐述超越了所有之前的类似理论，任何反对和批评这种理论的人都可以把它视为一个范本。

再来看此书的宗教部分，对保尔森教授而言，科学和宗教之间不存在冲突，因为它们的判断和结论分别属于存在的不同方面。科学的任务是追溯事实，宗教的任务是探索事实系统的价值或目的。宗教信仰所表达的内容比理性所表达的内容更深刻，它坚信事实不仅存在还承载着一定的价值，科学所确定的自然秩序同时也是一种道德秩序。宗教信仰（就其本质而言）不关心具体的事实，只在乎事实所承载的特殊意义，所存在的事实有没有意义，不能通过论证的方式进行确证；只要你感觉到有意义，那它就有意义，不过，对意义的确证或否定不能是独断的。因此，宗教和无神论之间的对立，不是理论与理论之间的对立，而是不同意志之间的对立、不同生活实践态度之间的对立。在保尔森看来，最根本的宗教信念就是坚信世界灵魂（可通过演绎推理的方式论证它的存在）是好的——换言之，更广阔、更永恒的事实同时也是更完美的存在。这种信仰的态度在一个人的生活中起着至关重要的作用，表现为一种主动去"生"、去"活"的意愿。它不是一种可以通过科学方式被驳斥的理论。它事实上是一个实践问题：我要保留它吗？或者为它感到羞耻，或者主动放弃它。

有些人可能会觉得保尔森的体系一点也不严密，完全令人无法接受。认为只有得到科学支持的结论才可以为真的人，他们觉得保尔森行文风格的魅力反而成了一种缺陷，虽简明清晰，却无技术细节。在我个人看来，这个体系的某些方面可以得到进一步的强化；对保尔森教授认可的诸多结论，我持怀疑态度。不过，所有的这些缺陷相较于这部作品的巨大优点而言，都不算什么，其最大优点即直率和坦诚，没有任何武断和教条主义的姿态。哲学家们总是对自己的理性过于绝对。我们发现，曾经作为经院哲学灵魂的一个假设，在今天非宗教领域的不可知论中和以前一样猖獗，即任何值得人们相信的东西都必须得到清晰的证明。而且我们还发现，它还衍生出了一些推论，例如，相信没有得到证明的结论是一种不科学的态度，而不科学的态度意味着思想者最彻底的堕落。如今，这些假设导致哲学与生活脱节，因为生物学意义上的人类生活大部分是由不科学的"调整"组成的，是和可能性而非确定性打交道。保尔森教授让哲学和生活再次联系起来，因而两个阵营里的书呆子可能都会谴责他所做的工作，生活是开放的，而知识分子渴望构建的哲学却是封闭的。我们应该再次提醒自己，所有的哲学都不过是一种假设，正如当代伟大的思想家勒努维尔（Renouvier）所言："任何哲学都没有考虑到哲学本身的不确定性、变异和矛盾，总是停留在压制和摆脱它们的错觉之中。"

我承认，保尔森教授的这本著作最让我满意的地方就是反绝对主义的立场。对他用到的历史阐述方法，我没有给出任何评论，大家很快就可以在文中愉快地感受到并获得启发。希利教授（Prof. Thilly）的翻译工作做得非常好，我已经把译本前四分之三的内容作为我的一门课程的教材。我想说的是，作为一名从教多年的教师，没有几本教材能像此书一样，没有让学生发牢骚。

假如我的介绍能够让美国和英国的学生对《哲学导论》产生阅读兴趣，那将是一件令人高兴的事情。

"实用主义":给鲍德温《哲学与心理学词典》写的词条

"实用主义"学说认为,一个概念或一种观念的全部意义就是它所引发的实际后效(Practical Consequences),假如它为真,这种后效要么表现为某种被建议采取的行为,要么表现为某种可能获得的经验;假如它不为真,那么其效用也会不同,且一定不同于其他概念或观念借以表达其意义的实际后效。假如有另一个概念或另一种观念的后效与之完全一致,那么它们之间就只有名称上的区别。在方法论上,若要确定不同概念或观念的不同意义,就要去追溯和比较它们各自产生的实际后效。

"经验":给鲍德温《哲学与心理学词典》写的词条

　　精神或心理学上的"经验",被反思性思维分析成主观或客观因素之前,以原汁原味的形式呈现在当下的全部现象和材料中,一切对象和事物在能够被我们谈论之前,都曾属于"经验"的一部分。

　　就这种中立性而言,它与"现象"一词有着紧密的联系。只有坚持这种中立性和不确定性,才不会卷入哲学上的争执;一旦赋予其客观性或主观性的意义,就会产生不可调和的分歧。

芝加哥学派①

世人都曾取笑关于芝加哥人的一句谚语，即"虽然芝加哥尚未开化，但她不鸣则已，一鸣惊人"。如今，这个预言正在以一种让人炫目的方式变成现实：芝加哥有了一个思想学派！也许可以说，在接下来的25年里，我们完全可以把这个学派称为芝加哥学派。有些大学展现了很多思想，但算不上一个学派；有些大学有不少学派，但缺乏思想。芝加哥大学则不一样，它有一份10年出版一次的刊物，通过从那儿发表的论文可以看出它有一个真正的思想学派。约翰·杜威教授，另外至少还有十位他的弟子，共同向世人阐述他们的思想。尽管人数众多，但他们的观点在本质上是相通的，从理论和实践层面，对这个世界给出了一种简单和宏大的积极描述。虽然很多细节工作还有待完善，但可以看出，一种新的哲学体系已然逐渐成形。假如果真如此，那么它的出版必然是一个重要的标志。在我看来，这很可能是真的。

---

① 该学派专著如下：

1.《逻辑理论研究》，约翰·杜威与其哲学系同事的合著。出版间隔为10年，本期属于第2辑，第11卷，芝加哥，芝加哥大学出版社，1903年2月。

2.《精神的定义》(*The Definition of the Psychical*)，乔治·米德（George H. Mead）。

3.《存在、意义和实在》(*Existence, Meaning and Reality*)，A.W. 摩尔（A. W. Moore）。

4.《科学处理道德问题的逻辑条件》(*Logical Conditions of a Scientific Treatment of Morality*)，约翰·杜威（John Dewey）。

5.《结构和功能心理学与哲学的关系》(*The Relations of Structural and Functional Psychology to Philosophy*)，约翰·罗兰德·安吉（James Rowland Angell），第1辑，第3卷，芝加哥，芝加哥大学出版社，1903年。

在这里，我只想简单地概括一下它的特征。毫无疑问，它将会面临各种各样的批评，对一个新的哲学体系来说，争论和激辩是难免的。

和斯宾塞哲学相同的地方在于，约翰·杜威是一名进化论者；不同于斯宾塞的一点是，约翰·杜威及其弟子目前仅限于建立一些普遍性的原则，没有将其应用到具体细节中（约翰·杜威关于伦理学的论述除外）。还有一个不同点在于，约翰·杜威是一个纯粹的经验主义者，除了经验，没有任何真实的东西，无论是存在还是存在之间的关系。在有限世界的背后或之外，没有所谓的不可知物或绝对；没有永恒不变的绝对，没有任何东西是静止的，一切事物都是一种过程和变化。

另一个和斯宾塞相同的地方是，生物学和心理学在约翰·杜威那里具有连续性。生命或经验属于基础性的概念，无论是从物理还是精神的角度来看待它，都涉及项与项之间的调整。约翰·杜威最喜欢的一个词语是"情境"。一种情境至少包含两个因素，每个因素既是一个独立的变量，又构成另一个变量的函数。为了便于讨论，让我们把它们称作 E（环境）和 O（有机体）。二者彼此互动，相互发展，并一直持续下去；E 对 O 的每一次互动都将改变 O，反过来，O 对 E 的每一次互动都将改变 E，E 的新反应又导致 O 发生变化，引发新的反应，如此无限循环下去。用约翰·杜威最喜欢用的另一个词汇"重构"（Reconstructed）来说，情境永远在进行重构，所有的实在都处于这种重构过程之中。

我有一个疑问，即在约翰·杜威那里，这种实在究竟是单数还是复数？他经常谈论单数形式的经验，似乎它是一种具有普遍性的过程，而不是诸多具体过程的集合概念。但是，他所有的特殊说明所指向的都是一个具体的过程，因此，我认为它在约翰·杜威那里是一个复数概念。

约翰·杜威的书中没有讨论生物学的过程，除了在伦理学的讨论中偶尔涉及，但伦理学在这里离题太远。因此，接下来我将只考察这个学派的心理学或认识论立场。

意识在反复的调整过程中起到了特别积极的作用。在已然完美适应的情境中，调整过程非常流畅，有固定的模式可循，意识的存在度是最低的。只有在犹豫时，当过去的习惯行不通时，才会出现清晰的思维。如此，对经验的变化和新旧经验之间的冲突而言，思维是偶然性的，要想恢复原来的活动，必须对情境进行重构，在精神或心理上对它进行重新判断，这属于重构过程的第一个阶段。《逻辑理论研究》的核心议题就是阐述这种判断过程。

"在心理学层面，这种判断过程也许可以被解释为某种行为的刺激因素已然失效，导致正在进行的活动被中断；惯常的反应失去了作用；在这种情况下，经验被划分为作为主词的感觉内容（Sensation Content as Subject）和作为谓词的观念内容（Ideal Content as Predicate）。换言之……惯常刺激因素的失效……导致活动中止，只有在新的习惯建立起来之后，新的或经过调整的刺激因素重新发挥作用，活动才会得到完整的恢复。主词和谓词正是出现在这一重构过程当中。"旧主词代表被中断的习惯，新主词代表开始的新习惯。如此，谓词在本质上就是一种假想——由它导致的情境反过来也可能很快被重构。简单地说，假定 S 是一个激发思维的刺激因素，P 是假设的反应，那么 SP 就构成了一个心理行为，后者在正常情况下将触发其他的行为。只有当 P 引发了问题和行为时，S 才具有客观性的意义；只有当 S 得到了注意力的关注时，它和自我之间的对比才变得尖锐。因此，认识或者说对象和自我之间的意识关系，不过是调整过程中的偶然产物，这种调整还包括无意识的调整。

这种认识使约翰·杜威教授及其弟子对事实持有一种奇特的看法。什么是事实？人们通常认为，事实是客观的，理论是主观的；但是在他们看来，二者在性质上没有什么不同，都是由经验材料构成的，它们的区别在于发生作用的方式。一个事实在某个人看来属于事实，在另一个人那里则可能属于理论。作为事实，它的功能非常稳定；作为理论，我们可能会对它感到犹豫。真理的定义也与此类似，真理不是指和外在模型的符合或对应，这种符合即便存在，也与真理无关，真理与情境相关。一个情境只要达到了最高的稳定性，主体在其中觉得最为满意，那么它对主体而言就是真的。有人可能会说，这种真理观具有相对主义的嫌疑。对此，约翰·杜威教授的回应是，具体的事实本身几乎不会让主体产生系统的反感和怀疑。经验在持续地扩展，情境中的对象因素总是触发新的问题，导致旧的真理无法让人满意，新的真理便不断被发现。而且，对象因素对我们和其他人而言是公共的，我们的真理和他人的真理不得不相互匹配。防止出现胡言乱语和任意信念的可靠保障在于，事物之中有一种我们几乎不可违背的因素（Grain），当这种因素从一个情境进入另一个情境时，我们的真理也随之发生相应的调整。不存在超越主观性的永恒真理，我们的判断不可能先于事实与之相符合。

芝加哥学派的这个体系存在两个巨大的缺口，目前他们还没有进行任何的补救，只有填上这两个缺口，这个体系才算完整。其一是缺少一门宇宙学，即对物理事实的秩序的积极阐释；其二是没有说明不同主体享有同一个对象世界这一事实（我认为他们接受这一点）。这两个缺口应该不是故意留下的，毫无疑问，芝加哥学派的成员可能很快就会把它补上。

也许我应该说得更加具体一些，讨论更多技术性的细节，引用一些让人印象深刻的语句或段落。但是，我更倾向于简单的概括，目的是引起大家对芝加哥大学这一重要成果的关注。从整体上来说，它给我最为深刻的印象是，它赋予了具体现实以重要的意义，它似乎打通了我们这个时代的两种哲学倾向，即经验论和先验论。和经验论的共同点在于，它是个人主义的和现象论的，把真理置于事物之中（In Rebus）而非事物之前（Ante Rem）；和先验论的共同点在于，价值和事实在它那里是不可分的，主张事物的连续性和目的性。它运用了这两种思潮都常用的发生学方法，它和牛津的实用主义或人道主义运动非常吻合，后者由席勒（Schiller）和斯图尔特（Stewart）于同一时期在牛津独立发起。它很可能有一个光明的未来，美国人将为它感到骄傲。约翰·杜威教授应该把他关于心理学和伦理学的论文和演讲结集成卷，因为他的哲学体系已然成形，而这些论文会使它显得更加清晰可见。

赫伯特·斯宾塞

"上帝以神秘的方式展现他的奇迹。"假如说人类是他最伟大的奇迹,那么其聪明才智和创造性最了不起、最不可思议的地方就是人类个体所表现出的丰富性。这个物种展露出无限的多样性,从哥特式到古典主义再到阿拉伯主义,风格百变,卑微、伟大、滑稽、英勇和可悲,各种矛盾的因素相互渗透、融为一体,万民于其中各展风采。不论是有意为之还是无心之举,再没有比斯宾塞的个性更能体现大自然的奇特搭配了,伟大和渺小从未在同一个人身上结合得如此紧密。

从同时代人对其著作的评价中可以看出,各种缺陷和优点在他的精神特质中相互融合。这些评价彼此冲突,如下面几种评价:

"一座哲学锯木厂。"——"视野最为开阔和最有力量的思想家。"

"哲学数列。"——"亚里士多德和他的老师对同时代人的超越,并不比斯宾塞对亚里士多德的超越多。"

"赫伯特·斯宾塞的哲学就像一块调色板(Chromo-Philosophy),缺乏生动性。"——"没有人比斯宾塞的哲学更接近生活世界。"

"他的介入让所有的东西都变得淡然无味。"——"他对其他所有哲学家的超越,就像电报对信鸽、火车对轿椅的超越。"

"他只是把我们已经知道的事实放入了一个巨大、奇特且相互矛盾的系统,富丽堂皇的辞藻和它的晦涩难懂掩盖了它的空洞性。"——"他的贡献深刻而丰富，非常重要，在人类思想史上无人可与之匹敌。仅以其卓越思想中一部分——只是一部分——为例，如作为宗教基础的'不可知物'，可以说，他对这一伟大真理的分析和领悟无与伦比，给人一种掌控感，直至超自然的边缘。"

斯宾塞先生留下的两卷本自传，能够解释如此极端的评价吗？从中我们能否找到更高层次的综合，来调和它们之间的矛盾和冲突？在我看来，调和是不可能的，倒是可以部分地解释为什么会出现这种情况，甚至为之辩护。不过，我承认到最后我还是有些困惑。和我们每个人一样，斯宾塞先生身上有一种难以捉摸的独特性，我们可以感觉到这种独特性，认出它的味道，不论喜欢与否，但无法对它做出最终的说明，只能接受并加以赞赏。

斯宾塞力图把所有的知识统一到一个清晰的体系，这个理想比圣托马斯或笛卡尔之后的所有哲学追求都更有抱负。大部分思想家要么局限于普遍性，要么专注于细节，斯宾塞则什么都谈，逻辑学、形而上学、伦理学第一原则、宇宙学、地理学、物理学、化学、生物学、社会学、政治学和美学；在他的诸多著作中，几乎没有他不曾涉猎的学科，非常博学；其公民良知和社会勇气同样值得敬佩。他的生活非常纯粹，献身真理和实用性，从不对他人抱有嫉妒和恶意（尽管有蔑视），在过分自负的另一方面往往可以发现其伟大。

听到这些，大家肯定会觉得斯宾塞肯定是一个富有和精力充沛的人，如此广泛的好奇心必然伴随着最广博的同情心，如此和谐和充满力量的性格，不论是天生的，还是经过艰难的精神历练才获得的，必然让他光芒四射。在歌德之后，还没有出过如此完美的人物。

然而，当我们打开《自传》后，会发现他的自我坦白是这样的："一位古板人士，住的是公寓房，对所有事情不冷不热、没有激情、散漫、缺乏好奇心，对书本或人都不怎么感兴趣；特别爱挑毛病，在小事上很固执，青年时期对生活没有任何长远的规划，只喜欢事物机械的一面。"然而，在不知不觉中他构建出一种世界模型之后，就特别固执地把它应用到诸多具体案例中，让自己成为一名哲学家。他看起来很谦虚，但是对自己某些方面的不足——如缺乏连贯的兴趣，不遵守既有的学术规范——表现出了一种奇怪的虚荣心。他给人一种奇特的感觉，似乎不懂得从情感的视角看待问题；所有的事情在他眼中没有大小之分，在大事和小事上耗费同样多的精力。尽管他说自己不喜欢单一性，但我们却可以在他身上感受到一种特别强烈的乏味感；尽管身体的病痛要求他不要想事情，每天散散步，多休息，但是在他的心灵中看不到闲情逸致，没有幻想和颓废，到处都明亮得晃眼，就像一片干涸的沙漠，每粒沙子都历历在目，没有隐蔽之处或阴影地带。

"看看这里，再看看那里。"然后说说它们是如何兼容在一起的。

有一件事情，斯宾塞先生肯定言过其实。他抱怨自己的记忆力不好，性格闲散，一般不喜欢阅读。毫无疑问，在这些方面，肯定有人比他的天赋更高；但只要斯宾塞先生确定了某项具体任务，他的记忆力、勤奋和阅读兴趣将超越大部分有天赋的人。他对挑战特别敏感，而且非常执着。一旦他的哲学体系中的某个概念或想法抓住了他的思维，就像钻进了他身体里的每根血管，所有的能量都被调动起来。此外，在他的哲学体系中，几乎没有任何东西没有得到阐述。大体说来，他把精力全部投入到了他的哲学体系当中，分毫不剩。

将斯宾塞和拉斯金（Ruskin）、约翰·穆勒或赫胥黎相比较，你就会看到他的独特性。在这些人的著作背后，存在着一种"溢出来"的精神吸引力；或者说，他们的人要比他们的著作更丰富，因此给人这样一种印象：他们的有些潜质尚未得到表达。斯宾塞则把所有他没有表达的东西统统扔进"不可知物"的范畴，然后再也不管。他的著作似乎已经说尽了他性格当中能够被表达的一切。

在这个问题上，他对自己非常坦诚。他说自己没有迫切想知道的东西，在思维中不存在困惑；有待被"捋直"的东西太多，让他应接不暇，来不及产生疑惑。

当乔治·艾略特（George Eliot）惊讶地说看不出他有困惑时，他说："我想那是因为我没有困惑。""从问题出发寻找答案，"他继续说，"从来不是我的方式。我得出的一个又一个结论，从来不是针对某个问题的答案，而是在不知不觉中产生出来的；我的每个结论都是一连串思维的最终成果，就像胚芽缓慢生长。某些直接的观察，或我在阅读中看到的某些事实，首先进入我的脑子，显然是因为我感觉到了它们的重要性……一周之后，我可能会重新想起它们，然后展开进一步思考，认识到它们可能有更大的适用范围，这样新的案例与已有案例结合在一起。然后再过一段时间……""就这样，一点点地，通过这种不显眼的方式，一个连贯的和有组织的理论就这么不知不觉地形成了，不需要任何有意识的付出。"（第1卷，第464页）

"日复一日地获取信息，或者只是锻炼和提升自己的能力，这不符合我的性格；这样容易让自己受到他人的影响，就好像我的观点和结论是从别人那里发展出来的。可以用来搭建某个融贯体系的材料，我随时准备接受；但是，和我的体系不相容的观点，或者无法被组织起来的观点，即便没有被拒绝，也会被冷漠地放在一边，很快被扔掉。""对于其根本性原则完全不能得到我认可的著作，我从来不看；我认为，若根本性原则是错误的，其他观点就不可能成立。""对于系统性的政治学或伦理学著作，若其观点和我的观点很不一样，我要么完全不看，要么大致翻翻，然后再也不管。"（第1卷，第215、277、289、350页）

斯宾塞是带着骄傲而非内疚说这些话的。他的心灵是如此狭隘，以至于无法相信和自己不一样的感觉和认识。对于批评，他从来都是傲慢以对，这也体现了他的绝对自信。基于自己绝对正确的思想体系，世界上的任何观点在他那里都必须明确无误地分清对错。

他毫无顾忌地承认自己的呆板和吹毛求疵。他对他父亲的描述让人不得不相信遗传的力量。老斯宾塞出生在一个古老的、不墨守成规的家族，他绝对守时；走在大街上，若看到人行道上有块石头，他一定会把它踢开，以免别人踩到滑倒；若看见有男孩在吵架，就会停下来给他们提出忠告；从不允许别人不经好好调教就虐打马儿；从来不会摘下自己的帽子表达尊敬，不管对方是什么人；也不会用"尊敬的"或"先生"称呼别人；从来不会表现任何形式的哀伤，即便是对自己的父母；常年只穿一种风格的外套、戴一种风格的帽子。对自己写的东西，随时随地进行修改。不管写了什么，总是一直改下去；对细节的偏爱导致老斯宾塞在生活中"明察秋毫，不见舆薪"。心地善良但行事迂腐，不遗余力地以机械的方式理解这个世界。

对于自己，斯宾塞写道："没人否认，我喜欢批评别人。在提出自己观点的同时，总是指出别人的缺陷。不仅在写作中如此，在交谈中更是如此。吹毛求疵的倾向特别明显，招人讨厌。指出身边人在思想和言语中的错误，是我的一个不可救药的习惯，一辈子都是这样。我也经常谴责自己，但不管用。"

他的《自传》中有很多处描述了这个习惯，例如：

"最近，我发现了人们故意犯的各种错误……在上一代人那里，盐瓶子的形状设计得非常便利，不是椭圆形的，就是细长的平行四方形的，这样好放盐勺，不会滑倒。但后来，盐瓶子成了圆形的，不好好放盐勺的话，盐勺会很容易滑下来掉到桌布上。在我小时候，壶设计得既便利又优雅……但现在，几乎所有的壶都是圆锥体带一个很小的壶嘴，几乎处处有缺陷。若里面装得很满，倒出少量液体的时候，一定会沿着壶嘴下方漏掉一部分；倒出大量液体的时候，壶嘴又太小，液体从壶嘴四周溢出来；若壶里装个半满，必须倾斜足够的角度才能让它倒出来，导致流速过高。由于壶体表面积太大，稍微倾斜就能倒出不少，这个形状还特别丑。还有另外一种日常用具也是如此，改得很愚蠢。"斯宾塞继续指出了圆柱形灭烛器的缺陷，说它"把烛芯压倒在蜡油里，导致第二天拿开灭烛器的时候，烛芯被凝固在蜡烛里，很难被点燃。"（第2卷，第238页）

直言不讳、事无巨细地指出问题，对斯宾塞来说不过是家常便饭，这种风格体现在他的另一本书《公民对国家》中。

"打台球成了'我每天下午的习惯'。去玩台球的人一般都会找个理由……对我来说，喜欢本身就够了，它带给我快乐。在很长的一段时间里，我都对禁欲主义说'不'，不觉得为了快乐去做一件事情有罪。我习惯性地认为，只要没有对别人造成伤害，或对自己造成某种隐秘的伤害，只要尽到了各种应尽的生活义务，为了快乐而追求快乐十分正常，不需要感到内疚。相反的观点不过是原始人魔鬼崇拜的遥远回响，原始人以给自己施加痛苦的方式来取悦他们的神灵，认为自己的快乐会让神灵发怒。"（第2卷，第263页）

书呆子式的诚实在这段话中体现得淋漓尽致。每件事情不论有多小，要么是对的，要么是错的。假如是错的，必须通过清晰地推导加以证明。生活由此变得干巴巴，缺乏想象力和高瞻远瞩的视角。当争论的问题涉及诸多方面，而斯宾塞从某个方面得出的结论明显不够全面的时候，这种做法尤其令人讨厌。

例如他的艺术批评，斯宾塞年轻的时候经常绘画，他的绘画既有机械制图，又有艺术作品。《自传》第 1 卷包含一张半身雕塑的照片，是斯宾塞按照他叔叔的样子做出来的。他还懂音乐，会唱歌，对各种艺术风格都有所了解，在诗歌方面也有涉猎。然而，他对所有人类艺术品的处理，都展现出一种奇怪的乏味感，做出机械的判断——不走寻常路的骄傲进一步强化了这种乏味感。例如，对于荷马的《伊利亚特》(Iliad)，他不是去读，而是把它分解为无休止的战争和谈话，再加上如"胫甲精良的希腊人""木马攻城的特洛伊人"之类的描述；事无巨细地枚举里面的服饰、武器和战车；此外还有各种荒谬之举，如在描述战斗过程的时候，分析一匹马的血缘谱系；对野蛮和残忍的描述，很快会让他感到无法忍受（第 1 卷，第 300 页）。特纳（Turner）的绘画在他眼里不够真实，因为大地和天空的色调具有相同的亮度。此外，他认为特纳对细节的表现过于均匀；希腊雕塑对头发的处理不够真实；文艺复兴时期的绘画，即便是最好的，亮度也不够真实，没有在阴影中呈现反射的光线；威尼斯的哥特式建筑错在无意义的装饰；圣马可教堂（St. Mark's Church）也许在考古学的意义上很珍贵，但一点也不美；瓦格纳的音乐没有什么了不起，除了乐团对乐器的分类很专业。所有的这些"毛病"都建立在他的观察之上。

斯宾塞对所讨论的现象没有丝毫的亲近感，只是借助一些微不足道的机械特征做简单的加减推理，否认一切诉诸模糊性的东西，这些都表明他不可理喻地把自己困在直白的推理程序之中，因而不可避免地走向肤浅和片面，以至于让人怀疑他在哲学和科学领域所得出的结论是否真有价值。

答案既是肯定的，也是否定的。每位写过论文或书的人都知道，万事开头难。一旦找到了合适的起点，后面的事情便水到渠成。一个人不论多么狭隘，即便是偶然有一个好的开头，只要坚持走下去，也一定会遇到某些真理。有些思想就像晶体的晶核，事实在它们周围簇拥成团。这种思想类似于一个生长点，自然地生长出其他所有的东西。直到 19 世纪中叶，还没有人完全找到这种生长点。最先发现它的人，只要保持足够的专注，保持对各种例证的敏锐性，保持对因果关系的好奇心，就一定可以获得相应的发现，很快走向胜利。

斯宾塞一定是看到进化论的绝对普适性原则的第一人，没有人比他更能领会它的普适性。在他那里，这条原则很快变成了"一种贯穿一切的思想，把所有具体学科联系起来的指导性观念"。（第2卷，第196页）这一"足够宏大和清晰的目标"最终让他克服了"天性中的懒散"，"有了这个重要而明确的目标之后，我全身心地投入工作中。"（第1卷，第215页）简言之，他有了一个执念，在人生当中第一次有了一种真正的抱负。经验中的每个对象、思想库中的每个念头，不论大小，现在都和这一条普适性原则发生了联系。在《自传》194~199页，他对自己之前的想法和之后的想法是如何相互协调和融贯起来的，做出了简要但有趣的总结。在找到这条原则之后，他开始了大规模的应用，无数尚未被发现的真理等待着被他收入囊中。他的独门绝技，即把抽象的法则应用于最细微的地方，在日常交往中是一个毛病，但是在这里成了一个优点。他一方面对自己的"猎物"紧追不舍，另一方面优先把握最大的真理。就这一点而言，他完全担得起人们通常对他的评价——一个天才——尽管他看上去并没有表现出多少天才的才情。

因此，在某种意义上，斯宾塞的狭隘和单调不但没有拖后腿，反而帮助他完成了自己的事业。在细节得到完善之前，本就应该先给出整体性的描述；过高的丰富性将导致心灵迟疑不前，在某些点上可能有更好的表现，但其延展性则会大打折扣。

斯宾塞是一个追求广度和延展性的哲学家。很多专家瞧不上他，挑剔他的技术细节不够完善；但是，他拓展了人们的想象力，从整体上拓展了无数医生、工程师、律师、物理学家、化学家以及勤学好思的门外汉的视野。他属于那种无法得到其他哲学家欣赏的哲学家，对任何人来说，这都是一个巨大的褒奖。因此，斯宾塞的贡献是有价值的。

我们也可以同时否定他的价值吗？我认为可以，其著作的质量也许可以抵消他在数量上的贡献。半冷不热的平静性格、狭隘的激情和同情心、对机械思维方式的喜爱、对世事缺乏兴趣、不算完美的接受性，这些使他的观点很难成为一个融贯的理论；不仅如此，对细节的详尽描述、敏锐的嗅觉以及天性中的执拗，这些特质都属于二流的思想家，后者往往满足于随意编织的廉价的理论。既然斯宾塞先生的《第一原则》给他带来的声誉多于其他任何一本著作，接下来我想通过批评此书的一些特点来表达我的意见。

我在年轻的时候读过这本书，那时候它还分成好几册。它看似打开的理性视角让我沉迷其中难以自拔。当另一位更加成熟的同伴查尔斯·皮尔士（Charles S. Peirce）在我面前抨击它的时候，我觉得很受伤，好像一幅神圣的肖像或图画被涂脏了，尽管我当时无法为它辩护。

后来，我经常把它用作学生的教科书，我对它的投入所得到的总体回报是一段不堪回首的往事。除了它强化的伟大真理，即一切都是进化而来的，除了这一宏大图景所激发的必然影响，里面的推理几乎都经不起推敲。

让我们来看看里面论"不可知物"的部分，在斯宾塞的哲学体系中，该部分的内容所获得的认可是最少的。它主要涉及曼塞尔（Mansel）对汉密尔顿（Hamilton）"关于有限的哲学"（Philosophy of the Conditioned）的改造，斯宾塞在曼塞尔的基础上进行了二次改造。自从经过约翰·穆勒的批评之后，汉密尔顿的观点几乎再没有出现。若论对人类理智结构的批判，布拉德利比斯宾塞要做得更好，斯宾塞调和科学与宗教的方式太过于天真和荒谬。他说："找到某种二者都能够接受的、根本性的抽象真理，这样就可以将它们调和起来。"他认为这个真理就是"存在一个谜"，但问题在于，科学和宗教的分歧就是从这里开始的。"都承认教皇的存在"这一事实能够让路德（Luther）和伊格纳修斯·洛约拉（Ignatius Loyola）握手言和吗？"都承认奴隶的存在"能够调和美国南方和北方的冲突吗？宗教认为这个谜无法被人类理性解开，科学相信情况不是这样的。允许谜的存在恰恰意味着分歧，而且，99%的人会认为，谜意味着"还有东西有待被认识"，而不是"还有东西无法被认识"。

再来看看斯宾塞著名的进化规律。

他认为科学包括好几种类型的规律，最有用、最容易被谈起的是基本规律，如力与反作用力的规律、引力规律以及摩擦规律之类的。此类规律不涉及具体的事实，没有对现实给出任何的预言。它们仅仅是说，假如在某个事实中存在某种特征，那么另一种特征必然与之共存或尾随其后。此类规律的有用性，取决于它们所涉及的特征在世界上的普遍程度，取决于它们的精确程度如何。

统计学规律属于另一类规律，它们用来主动描述现实世界。尽管它们不强调事物的基本要素，无论是具体的还是抽象的，但它们确认事物的行为在概率上往什么方向发展。"人口流向城市""工人阶层逐渐产生不满""宇宙中可获得的能量逐渐降低"——此类规律从整体上预言真实的未来。

斯宾塞的进化规律属于统计学规律的一个变种。它定义了进化和解体（Dissolution）的含义，断言这两个过程尽管总是同时进行，但是在当前阶段的世界，进化的趋势更加明显。在第 1 版的《第一原则》中，进化意味着从一种不明确和不融贯的同质状态变成一种确定、融贯的异质状态。斯宾塞一方面归纳事实，另一方面从基本规律开始进行演绎推理，以此证明这种倾向存在于一切事物中。他把过程中的各个步骤分别命名为"同质性的不稳定性"（The Instability of the Homogeneous）、"效用倍增"（The Multiplication of Effects）、"隔离"（Segregation）以及"平衡"（Equilibration）。前两步保证了异质性，"隔离"带来了确定性和融贯性，"平衡"让这个过程得以维系，决定着走向解体的变化何时开始。

斯宾塞展现了一幅辉煌灿烂的全景图，里面几乎无所不包，让那些以前对哲学毫无兴趣的人也对哲学产生了倾慕之情。就像前期的笛卡尔，斯宾塞试图对自然给出一种纯机械的解释，他认为可知的宇宙只包含物质和运动，别无其他，宇宙的历史就是物质和运动的"再分布"史。这种科学解释的价值完全依赖于它的连续性和精确性，每个"事物"都必须被视为一种"构造"（Configuration），每个"事件"都必须被看作是构造的变化……不幸的是，按照这些机械学的要求来衡量，斯宾塞的尝试失败了。他用的术语和概念都很模糊，不够精确；他似乎无法坚持在机械学的视角下展开连续性的工作。

例如，确定的（Definite）根本不是一个物理学的概念，每种运动和物质的每种分布都是确定的，决定着事物是其所是，如是雾气还是潦草的笔记，是一只台球还是一条直线。斯宾塞把事物当中一切能够引起我们的注意，并强迫我们将其与其他事物区分开来的特征称作确定性（Definiteness）。因此，这个概念的内涵不是物理的，而是人为的。在他的书中，确定的事物最终不过是指人类可以单独命名的事物，因而连机械学视角的边也沾不上。随着人类历史的发展，因为我们对事物的命名当然会越来越多，所以事物中的确定性必然也会越来越多。

还有连贯性（Coherent）的概念，它本来具有确定的机械学意义，意味着拒绝分开，联结在一起。但是在斯宾塞那里，它的含义变得更广，有时候是指时间中的恒定性，有时候是指部分与部分之间的相互依赖性，后者一般出现在没有固定物质构造的系统中，这种系统到处都有。

斯宾塞所用概念的模糊性，定然会让专注机械学视角的读者感到困惑不解。他用到的每个概念经常改变含义，以使其适用进化的不同阶段。例如整合（Integration），他认为一种确定的连贯性就是一种整合，他举的例子有太阳星云的收缩、地壳的形成、软骨的钙化、螃蟹身体尺寸变短、尾巴在人类身上的消失、植物和动物的相互依赖、强国的发展、人类占领其他定居点的倾向、英语语法中词尾降调的减少、概念在心灵中的形成、机器对简单工具的替代、美术创作的发展，等等。显然，没有任何物质运动形式可以概括以上所有事实，人类的存在仅仅表明某些目的越来越成功地得到实现。

在《第一原则》的第 2 版中，斯宾塞先生对进化概念进行了统一的补充，以使其更符合机械学的要求。他说："进化是一种进步性的物质整合与运动耗散。"在这个过程中，物质和运动都经历了一种预先被指定的变化，然而，这个定义事实上还不如之前的定义。"运动耗散"的表述非常模糊，当一个人或一个国家发展到更高的阶段时，究竟何种运动"被耗散"了？此外，物质整合仅仅适用于恒星和地质的演化。可以设想到的物质整合只有质量和重力的增加，但二者都不属于生物、精神或社会性事物的进化标志。

斯宾塞对这些事实的解释费力不讨好，它们显然可以得到更简单的说明。太阳出现在先，然后是地球地质演化，这种演化完全可以用机械学意义上的整合概念来描述，即质量和硬度的增加；之后出现了生命，此后物质整合与运动耗散再没有扮演任何角色。生命的出现，导致这个世界充满了有机统一体（Organic Unity）。所谓有机统一体，是指系统的一个部分帮助另一个部分保持存在，有些统一体是物质性的，如一只海胆、一个百货商店、一名公务员或一个教会组织；有些统一体是精神性的，如一门科学、一部法律或一个教育项目。但无论是物质性的还是精神性的，有机统一体必然具有累积（Accumulate）的倾向。因为每个旧的统一体都有保存自身的倾向，假如有新的统一体产生，旧的有机统一体会继续存在。在这里，斯宾塞的形容词"整合的""确定的"和"连贯的"都不适用。我们必然站在目的论的基础之上，隐喻和模糊性是大自然所允许的。

有机统一体的累积倾向，绝对是我从斯宾塞对进化的笨拙说明中所提炼出来的唯一真理。它所展现的图景尽管不是那么华丽，但很精确。

对于斯宾塞的观点，还可以提出无数批评，但我不打算继续，这是一项让人感到很不好意思的工作。但斯宾塞还有一个概念不得不说，即力的概念，因为它是斯宾塞最根本的概念之一，但也是他最模糊的概念之一。

在斯宾塞关于进化的特殊规律之上，存在着一条绝对性的普遍规律，这就是"力的持存性"（Persistence of Force）。它有时候是指关于能量保存的现象规律；有时候是一条形而上学的原则，指"存在"在量上的守恒；有时候是一条逻辑原则，指任何事情的发生都是有理由的；有时候是一种实践上的设定——两个事物若没有出现可赋值的差异，我们必须把它们视为相同的事物。这条规律特别模糊，我也不知道作何解释，不过，我们可以看看他的精神力量（Mental Force）和社会性力量（Social Force）这两个概念。

他说，它们都属于普遍性力量的表达，都源于生命力（Vital Force），生命力的强弱与注入其中的物理力量的多寡成正比。但究竟什么是社会性力量？有时候它是指"社会活动"（后者与食物消耗量成正比），有时候是指人类及机器完成的工作，其最终的根源是太阳的热量。在他那里，社会性力量从来不是指"导致社会发生变化的刺激性因素"，如一位领袖、一种发现、一本书、一个新观念或一种民族压迫。最大的社会性力量和最小的社会性力量，所承载的物理力量在强度上应该没有差别，衡量其大小的标准是其对环境造成的影响，而不是此前吸收的物理力量。斯宾塞先生本人就是一股巨大的社会性力量，但是他吃得并不比普通人多，他的身体在火化的时候也没有释放出更多的能量。他所产生的影响不是释放性的，而是他说的话触动或推动了他人的想法。

在前期，斯宾塞推没有注意推拉性力量（Forces of Push-and-Pull）和释放性力量（Forces of Release）在机械学中的根本性区别，直到《第一原则》的第6版出版时，这个问题才引起了他的注意。生物学、心理学和社会学所涉及的力量几乎都是释放性力量。斯宾塞对社会性力量的解释，既不是一种好的社会学，也不算一种好的机械学，事实上，他对力的理解非常不充分，这一点影响了他所有的工作。

不过，斯宾塞的工作并非一无是处。他的《论教育》（Essays on Education）、《生物学原理》、《心理学原理》、《社会学原理》和《伦理学原理》（Principle of Ethics）都比《第一原则》做得好，有着无数的闪光点，在细节上展现出令人称羡的洞察力。我的印象是，在整个体系中，他的《心理学原理》最具原创性。斯宾塞在这里取得了新的突破，他认为，既然心灵及其环境是共同演化，那么我们必须把它们放在一起研究。他终结了将心灵隔离出来的研究方法，是一项了不起的成就。不过，就像在其他方面一样，他有点走过了头，没有给心理结构留下任何空间，仅仅把它视为一种被动产物。他认为父辈从外在环境中接受印象，按照其发生频率高低的顺序加以存储，并传给后代；父辈获得的一切都将遗传给后代，这完全忽视了内在的变化，是其理论的两个弱点。不过，认为环境对心灵有着至关重要的影响，这一点很了不起。

也许可以说，斯宾塞在60岁之后和魏斯曼（Weismann）关于功能遗传（Use-Inheritance）的争论，就学术水准而言，在我看来是他一生当中做得最好的工作，是一项真正的学术研究。

斯宾塞的《伦理学原理》展现了一种至关重要的和原创性的世界理想。他的政治—伦理活动在整体上符合最纯粹的英式自由精神，他对强权政府和过度集权的攻击和批判可以作为所有个人主义者的教科书。我承认，尽管这一部分内容写得很生硬，但最容易引起我的共鸣。

从整体上来回望斯宾塞，正如这本特别诚实的《自传》所揭示的，他是一位独一无二的古雅之人，集狭隘和宽广、慷慨和晦涩于一身；这是他的个人风格，但同时也很难让人接近。他就像一个抽象的逻辑概念，界限分明，有着明确的包容性和排他性；风格冷酷、意图狭隘但范围宽广，把自身应用于无数例证之中。但斯宾塞不是一个抽象的观念，而是一个义无反顾地投身于真理的人，有着深刻的洞察力，在健康状况很不好的状态下，完成了一项旨在囊括一切的工作，非常了不起。他的生活比一切赞美者、点评者和批评者的生活都要伟大，和斯宾塞的现实生活相比较，我在前面所给出的一切批评都微不足道，是对他的一种亵渎。

实用主义的原则

实用主义的原则，也许可以通过多种方式得到表达，每种表达方式都很简单。在1878年1月份的《大众科学月刊》上，查尔斯·皮尔士是这么介绍的，思维的灵魂和意义仅仅在于产生信念；在人类理智生活的交响曲中，信念是结束一个乐句的半终止（Demicadence）；思维在运动中的唯一动机是停下来；一旦我们关于某个对象的思维以信念的形式停下来，那么我们就可以坚定地采取行动。简言之，信念事实上是行动的规则，思维的整体功能只是形成行为习惯的一个步骤。假如思维中的某个部分对思维导致的实际后果没有任何影响，那么它与该思维的意义无关。因此，相同的思维可能包含在不同的语句中，但是，若语句的不同没有引发行为的差异，那么它们就属于外层的皮相，与思维的意义无关。假如这种不同导致了行为上的差异，那么它们就属于意义当中的本质要素。可见，要确定一个思维的意义，我们只需确定它所产生的行为，对我们来说，后者是它唯一的意义。一切思维之间的区别，无论多么的精细，在本质上必然涉及实践层面的差异。要完全弄清楚关于某个对象的思维，只需知道该对象在实践层面可能会带来什么样的影响——它可能给我们带来什么样的感觉，我们会对它做出何种反应。因此，对这些影响的认识，对我们而言，就是关于这个对象的全部认识，假如这种认识有意义的话。

这就是皮尔士的实用主义原则。我想我对实用主义原则的表达应该会更加宽泛。一个真理意味着什么，对我们来说，最终的测试标准是它所决定或激发的行为。但它之所以能够激发某种行为，是因为它首先预见到了我们经验当中的某些细节，后者要求我们做出这种行为。我更愿意把皮尔士的原则表述为：一切哲学命题的有效意义总是会落在未来实践经验的某些具体后果之上，不论是主动的还是被动的后果。这里的要点在于经验的具体性，而不是经验的主动性。

要想领会这一原则的重要性，必须学会把它用到具体的案例上。通过应用，我相信它可以帮助我们很好地面对哲学争论，摆脱误解，获得平静。即便什么也没有做到，它也可以作为一种非常有价值的讨论方法。假设存在两种不同的哲学定义、命题或准则，它们看起来似乎彼此矛盾，导致人们产生了争议。假定其中一种为真，你看不到任何可能由它引发的实际后果；假设另一种为真，你可以预见到可能的实际后果。在这种情况下，这两个命题之间的区别不是真正的区别，只是一种似是而非和口头上的区别，不值得进一步争论。两个命题说的可能是同一种事物，尽管用的词汇很不一样。若我们把这个测试用到诸多哲学争论上面，你会惊讶地发现，它们最后都变成了无意义的争吵。不会在实践层面引发区别的区别不是真正的区别——抽象真理之间的差异必然表达为具体事实的差异，对具体事实造成不同的实际后果，在一定的事件和地点，以特定的方式作用于某个人。事实上，当我们以这种平淡乏味的实践方式去衡量普遍命题的价值时，它们似乎的确会发生一定程度的收缩，被弱化。建立在模糊性基础上的"广阔无边"只是看上去显得重要，事实上不值得关注。正如一位学识渊博的朋友和我说的："在代数演算完成之后，之前看上去高大上的 x、y、z 都变成了普通的 a、b、c；毕竟，代数演算的全部作用只是让它们显得更加明确。"假如这种或那种关于世界的描述是真的，哲学的全部功能应该在于，发现它在确定的生活场景中，将对你和我造成什么样的影响。

现在让我们设想一种不可能发生的情况，以更清晰地看到这条原则的用处。让我们充分发挥自己的想象力，想象我们身处在一个行为和后果无法被预见的世界，因而实用主义的原则没有用武之地。我的意思是，让我们假设当下就是世界的最后时刻，当下之外和之后什么也没有，既无经验又无行为。

现在我要说的是，在这种情况下，再紧要的哲学和宗教争论都将失去意义。例如，假如世界即将终结不再有然后，那么"生成万物的是物质？或者上帝也参与其中？"的争论将失去意义。我相信，假如我们不得不相信世界没有目的，没有无形的神灵与之相关，它仅仅是偶然形成的，有很多人，我们当中的大部分人，会感觉到一种可怕的冷酷和死寂即将笼罩这个世界。无论是上帝创造了一切，还是物质创造了一切，我们所体验到的事实细节也许是一样的。有悲伤，也有快乐；有理性，也有荒诞和反常。但区别在于，没有上帝在后面，我们会觉得这个世界有些令人毛骨悚然，它不会告诉我们真相；反过来，若有上帝在后面，这个世界将变得坚固、温暖，充满了真正的意义。

我想说的是，在一个对未来有预期，认为世界尚未完全到来的意识当中，就像我们现在的意识，这一点十分正常，上帝的存在和不存在会给我们带来不一样的感觉；但是对于回溯性的意识（Retrospective Consciousness）而言，它把世界总结为已然过去了的东西，这种变化绝对是非理性的。在这样一种意识中，上帝存在与否不具有情感价值，纯粹是认知性的。假如物质不需要任何帮助就可以转变成具体的事实，上帝不再是必要的，将其从信念当中剔除出去，不会在它的心里产生任何阴影。

真诚地思考一下，上帝（假如存在的话）在工作完成之后和世界停止运行之后，他还有什么样的价值，他的价值不会超出世界的价值。他的创造性体现在他的作品中，但不会再多了。既然不再有未来，既然世界的整体价值和意义已经被支取，实现在过去的各种感觉中，到如今走到了尽头，既然它不会为尚未到来的东西做准备因而补充新的意义（就像我们的真实世界），那么我们就不需要像过去一样看待上帝。他一劳永逸地做完了所有的事情，对此，我们心怀感激，但仅此而已。反过来，在上帝不存在的情况下，物质遵循它们的规律创造了世界，就像上帝所做的那样，我们难道不应该像感谢上帝那样感谢物质吗？假如我们放弃上帝，认为物质足以创造世界，那么我们究竟有什么样的损失呢？那种特殊的死寂、愚蠢和毛骨悚然究竟从何而来呢？上帝存在的意义，是如何让世界在我们眼中变得更加生动和丰富的吗？

坦白地说，这些问题不可能有答案。现实中我们体验到的世界在细节上应该和上述假设中的世界一模一样。如诗人布朗宁（Browning）所写："不论我们是喜欢还是讨厌，它都是一样的。"世界就在那里，不可消除，就像一个无法被收回的礼物。把物质视为其成因，不会撤回其中任何一个东西；把上帝视为其成因，也不会增加任何一个东西。创造者不论是上帝还是原子，世界只有一个。假如是上帝，他所做的工作和原子所做的工作是一样的，和原子所赢得的感谢一样多。假如上帝的存在不会让世界的表现发生任何变化，那么也定然不会增加世界的尊严。上帝不存在，也不会让世界丧失尊严。在戏剧落幕之后，你再怎么夸赞作者，也不会让戏剧变得更好，再怎么贬低作者，也不会让它变得更糟。

因此，若无法从理论中演绎出经验或行为在未来的细节，唯物主义和有神论之间的争论完全没有意义。物质和上帝在这件事情上是指同一个对象，即这个虽不完美但已完整的世界的创造力量。明智的做法是远离这种无意义的争论。相应地，有很多人本能地——人数不少，所谓的实证主义者或科学家则是故意如此——远离不会带来明确后果的哲学争论。空洞性和华而不实是哲学研究者经常面临的一种批评，曾经有一名学生跟我说："概念、概念、概念，你们哲学家只关心概念。"对于这种指责，哲学家们可不觉得公平。然而，从实用主义的角度来看，这种指责十分合理，除非被研究的形而上学理论可以带来不同的实践后果，不论这种后果有多微妙和遥远，普通人和科学家发现不了它们。但假如形而上学者也看不到这种后果，那么就不能怪普通人和科学家提出批评了。如此一来，形而上学不过是一种浮夸和微不足道的研究，在它上面投入过多时间可谓荒谬至极。

相应地，在真正的形而上学的争论中，必然涉及一定的实践后果，不论它有多远，可能性有多大。认识到这一点之后，我们再来看唯物主义和有神论的问题。这一次回到我们生活其中的真实世界，这个世界还有一个未来，当我们说起它的时候，它还没有完成。在这么一个未完成的世界之中，唯物主义和有神论之间的选择具有强烈的实践意义，因而值得我们花费时间去研究哪种选择更合理。

迄今为止的经验事实，不过是无目的的原子构造根据永恒的基本规律所导致的结果；或者，它们出自上帝之手。这两个选择对我们而言究竟有什么不同？从已然发生的事实来看，的确没什么不同。事实已然在其中，被捕获和打包；它们所承载的价值已然确定，不论来自上帝还是原子。在今天，有很多唯物主义者试图忽视这个问题对未来和实践层面的影响，以消解人们对唯物主义的厌恶，甚至消解这个概念本身；在他们看来，既然物质足以生成一切，那么"物质"这个词从功能上来说就和上帝一样，是一种神圣的实体，实际上与上帝结合在一起，就是人们所说的上帝。他们建议我们同时弃用这两个概念，因为它们看上去彼此对立。另选一个概念，一方面可以摆脱宗教含义，另一方面不会让人感到粗糙和不雅。用最初的神秘力量，或者不可知的能量，那唯一的力量，而不是说上帝或物质。这是斯宾塞先生在其《心理学原理》第1卷末尾提出的方案。在某些段落中，斯宾塞把物质描述为一种无限精妙的东西，可以进行快到无法想象的精妙运动，就像现代科学所设定的那样，一点也不粗糙。他表明，凡人构建的神灵概念过于粗野，无法涵盖自然事实的复杂性。他说，上帝和物质的概念都只是一种符号，指向同一种不可知的实在。

从这些话语中可以看出，斯宾塞先生似乎认为普通人之所以不喜欢唯物主义，纯粹是因为他们在美学上瞧不上物质，认为它粗糙、低廉、可鄙。毫无疑问，这种美学上的蔑视在哲学史上确有其事，但绝不是聪明伶俐的现代人不喜欢物质的原因。假定有一种物质据其永恒规律让我们的世界越来越接近完美，任何理性的人都会崇拜它，就像斯宾塞崇拜他所谓的不可知力量。它不仅在过去是正义的，在未来也将一直是正义的，这就是我们全部的要求。在实践中做上帝所做的一切，它就等同于上帝，它的功能就是上帝的功能，上帝将不再是必要的。在这样一个世界中，上帝从来不会被怀念。

然而，斯宾塞的宇宙演化过程是由物质主导，永远走向完美的吗？不是。事实上，宇宙演化出来的一切事物或体系在未来都将是一个悲剧。斯宾塞先生把自己局限于美学，忽视实践层面的分歧，在这个问题上没有做出任何严肃的贡献。接下来，让我们借助实用主义原则，看看唯物主义或有神论的问题所具有的重要意义。

有神论和唯物主义彼此冲突，它们所带来的实际后果完全不同，对经验的解读也相互对立。根据机械进化论，物质和运动的再分配规律尽管塑造了所有的有机体及其幸福生活，塑造了我们心灵中所有的美好理想，但它终有一天会把这一切收回去。我们可以预见到宇宙最终陷入死寂，进化论的科学已然给出描述。用巴尔弗先生（Mr. Balfour）的话来说："宇宙的能量将衰减，太阳的光芒将暗淡下来，地球将不再有潮汐运动，静止下来，无法再维持曾经生活在其中的各种生物。人类将躲到地下，所有的思想都会消亡。在这个隐蔽的角落，不安分的意识曾经在很短的一段时间里打破了宇宙的寂静，但终将回归寂静。物质将不再认识它自身。'永恒的丰碑''不朽的事迹''死亡以及比死亡更强大的爱'，也将永远被遗忘，就像从来没有发生过。人类历经无数个时代的付出、献身、天才和苦难，不论是好是坏，终将灰飞烟灭，永不再来。"①

在浩瀚无垠的宇宙中，尽管出现过犹如镶嵌着珠宝的海滨和让人心醉神迷的云堤，当所有的短暂之物都消失后，我们曾经珍视的独特品质也将彻底离我们而去，不复存在。没有回音，没有记忆，没有任何痕迹。这个最终的悲剧就是当前科学唯物主义所揭示的本质。永恒的不是高层次的力量，而是低层次的力量。斯宾塞先生比任何人都更相信这一点，那么，他为什么要和我们争论，好像我们对物质和运动——他的哲学原则——的"粗俗"提出了美学上的反对意见？真正让我们震惊的，是潜藏在它背后的那种黯淡的实际后果。

反对唯物主义的真实动机不是主动的美学要求，而是被动的实际后果。这年头，因为唯物主义的粗俗而对它不满是一件荒谬的事情。粗俗就是粗俗者所行之事——现在我们知道了。相反，我们之所以抱怨唯物主义，是因为它没有做的事——没有为我们的理想化利益提供永恒的保障，没有满足我们最遥远的希望。

另一方面，相较于机械哲学中流行的数学概念，上帝概念也许不

---

① 《信念的基础》（*The Foundation of Beliefs*），第30页。

是那么干净，但至少在这个实践问题上比它们更有优势，它保证了一种应当永远得到保护的理想秩序。一个有上帝的世界也许会毁灭，但最终的决定权在他手中，我们可以认为他仍然在乎我们过去的理想，一定会在别处让它们开花结果。因此，有了上帝，悲剧只是临时性的和部分性的，毁灭和消解不是最终的结果。对一种永恒道德秩序的需求是人类最深刻的需求之一。诗人如但丁和华兹华斯的诗歌之所以具有如此强大的安慰力量，是因为他们所生活的年代信仰这种秩序。因此，唯物主义和有神论的真正意义在于，它们在情感和实践方面具有不同的吸引力，决定着我们看待希望和期待的具体态度，以及其他一切可能带来的不同后果——不是物质抽象的内在本质，或者上帝的形而上学属性。唯物主义简单地对这种永恒道德秩序进行了否定，斩断了最终的希望；有神论意味着对这种永恒道德秩序的确证，放任了希望。对任何一个能够感觉到这种区别的人来说，这种选择当然很重要。但人毕竟是人，秉性难改，在这个问题上仍会产生严肃的哲学分歧和辩论，无论如何，实证主义者和瞧不起形而上学的人在这个问题上是错的。

有些人可能仍然站在他们那一边，即便承认有神论和唯物主义对世界的未来给出了不同的预言，但有人可能会觉得这种区别太过遥远，对正常人而言没有意义。他可能觉得，正常人的心灵在本质上不会看得那么远，不会关心世界的终极归宿。对此，我只能说他不了解人性，宗教性的忧郁可不是一句简单的"神志不清"就能解释的。绝对的和终极性的事物在哲学上得到了真正的关注，所有敏锐的心灵都对它们有着严肃的感觉，目光短浅不过是肤浅的一种表现。

然而，假如还有人坚持的话，我们就把目光放短一点，不考虑世界的最终归宿，关于唯物主义和有神论的争论仍然可以说明实用主义的原则。假如上帝存在，他的作用可不仅限于改变世界的最终归宿，很多事情都将发生变化。实用主义的原则认为，假如上帝概念为真，那么其意义就体现在它对我们的经验所带来的变化上；上帝的各种完美性质，如教条主义神学所阐释的，要么没有意义，要么蕴含某些可以被我们感觉到并影响我们行为的东西。若我们关于上帝的认识不涉及此类经验，它们就没有意义。经院哲学中的实体和抽象之物反而授人以柄，徒增笑料，就像实证主义者所批判的。但假如它们涉及此类明确的经验,那么上帝于我们而言就有意义,可能为真。

现在,假如我们仔细考察教条主义神学对上帝的定义,就会立即发现其中有些东西在实用主义原则面前站不住脚,有些东西则经得起考验。例如,任何一本传统教科书所记载的,上帝不仅据其自身而存在,且作为一种被创造的存在物,他自己创造了自己的存在。他的完美性多出自这种自存性(Aseity)。例如,他是必然的、绝对的和单一的,在所有方面都是无限的。他是简单的,不是由本质和存在、实体和偶然、现实性和潜在性或主体和属性复合而成的,就像其他事物那样。他不属于任何的属性,无法被改变,无论是内在还是外在;他认识一切事物,一切事物都出自他的意志,首先是他自身的无限自我,皆出自一次不朽的、不可分割的行为,他有着绝对的自我圆满和无限的幸福。现在,这些属性堆积在一起,在一个务实的美国人心中能不能唤起某种实在感呢?假如不能,为什么不能?理由当然是,这些属性没有激起活跃的感觉反应,没有引发具体的行为。上帝的自存性是如何影响我们的?我可以做些什么以使自己适应他的简单性?假如他的幸福是绝对的,那么,从今以后我们该如何行事?在19世纪50年代和60年代,梅恩·里德船长(Captain Mayne Reid)特别擅长写男孩户外冒险的故事,他总是赞扬猎人和野外观察员特别懂得观察活物的生活习性,大骂他所谓的壁橱里的自然主义者,那些标本收集者和分类者,只会处理动物的骨架和皮毛。小时候,我一直以为壁橱里的自然主义者一定是天下第一大坏蛋。但没想到,有条理的神学家也是关于上帝的壁橱里的自然主义者,甚至在梅恩·里德船长的意义上,他们对上帝属性的传统演绎空洞无物,不过是对字典上的形容词进行反复洗牌和配对,充满酸腐之气,和道德一点关系也没有,和人类需求一点关系也没有,一台木头和黄铜做的逻辑计算器也能从"上帝"这个词语中演绎出他们得出的结论。我引用的上述属性绝对和宗教没有关系,因为宗教是一种活生生的、实践性的事物。关于上帝传统描述的其他部分与生活倒还有些实践上的联系,它们之所以具有历史价值,原因也在这里。例如,上帝的无所不知和正义,他从暗处观察我们的所作所为,奖惩分明。他的无所不在、永恒和不变,赢得了我们的信任，他的仁善让我们不再感到恐惧。甚至在读者看来不那么有意义的属性，在过去也有着如此功效。根据传统神学，上帝主要的属性之一是他对自身的无限之爱，毕竟"除了一种无限的对象，一种无限的情感还能通过什么得到抚慰呢？"这种最基本的自爱产生的一个直接后果是衍生出了一个传统的教条，即显示他的荣耀是上帝创造世界的首要目的。这个教条必然与生活产生非常有效的实践联系。的确，我们一直倾向于挣脱这种古老的和君主制的上帝观念，但不可否认的是，它在历史上对教会和欧洲国家产生了无数的影响。那些更加真实和重要的属性同样对它们产生了影响，就像神学著作所拟定的那样。在神学家的手中，这些属性不过是一系列枯燥的形容词，进行机械的演绎；逻辑和想象、专业性和生活性，相互交织在一起。我们得到的不是面包，而是一块石头；不是鱼，而是蛇。尽管这一堆抽象的一般性术语无法给我们带来关于上帝的真正知识，神学院仍然会繁荣下去；但是宗教，至关重要的宗教，将与它分道扬镳。使宗教得以维系的不是抽象的概念体系，不是神学教授所了解的东西，而是各种具体宗教经验所产生的后效，它们与人们的感觉和行为相关，永远在卑微的私人生活中进行自我更新。假如你问这些经验是什么，它们是个人与不可见之物的对话，既有声音，也有视觉，是对祈祷的回应，是内心的变化，是对恐惧的摆脱，是吉人自有天相，是确信自己得到支持，是以适当的方式设定自己的内在态度。这种力量来去无踪，只能在某种明确的方向上被追溯到，就像追随一种具体的物质性事物。这种更广阔的精神生活与我们肤浅的意识具有连续性，且往来密切，关于它的直接经验构成了大部分的直接宗教体验，后者是所有宗教的基础；无时无刻不在的上帝概念也出自这种经验，神学利用它闭门造车，以迂腐的方式搭建起一个不真实的体系。"上帝"这个单词，其含义正是生活中那些被动和主动的经验。现在，我的朋友，不论你是否喜欢和尊重这些经验，不论你对它们有多么的冷漠，是否以怀疑的眼光看待它们，觉得它们不过是幻象，都和我的目的没有关系。就像所有其他的人类经验，它们当然有可能是一种幻象和错觉。它们不需要绝对正确。不管怎样，它们都是上帝观念的源头，神学是对它们的转述和翻译。你应该记得，我现在只是把上帝观念作为一个例子，不是要讨论它们的真假，我的目的是说明实用主义的原则是如何发挥作用的。神学体系中的上帝应不应该存在，这是一个很小的实践问题。它至多意味着你可以继续谈论某些抽象的概念，你必须停止使用其他概念。但假如基于这些具体经验所得出的上帝是假的，而你的生活完全沉浸在这些经验当中，那么这对你来说是一件很糟糕的事情。关于有神论的争论，不论从学术上看还是从理论上看，都是那么微不足道，但就它对现实生活产生的影响而言，却具有十分重大的意义。

我可以继续就另一个与该神学观念相关的问题向你们推荐实用主义的原则。前面我刚刚提到，古老的和君主制的上帝观念在今天正在失去它在古代的声望。宗教哲学和其他哲学一样，变得越来越观念化。在关于绝对的哲学当中——即后康德主义的观念论——我们看到了一种在古代被称作泛神论的异端取得了胜利，后者把上帝理解为寓居于世界的神灵和实体，而不是作为至高无上的创造者。三年前，加利福尼亚的哲学家约西亚·罗伊斯（Josiah Royce，我在哈佛的同事）也是在加利福尼亚大学哲学协会的演讲中，直言不讳地就这种观念论的绝对神学给出了颇具说服力的论证，清晰明了。他为文集《上帝的观念》(*The Conception of God*) 贡献的论文通俗易懂，堪称典范。现在你们很多人应该还记得，在罗伊斯教授讲座之后的讨论会上，争论主要集中在统一性和多元性的概念上，即假如上帝是多中之一（One in All）和多中之多（All in All），"统一所有单个的例证，"如罗伊斯所言，"在他的全体之中形成一个熠熠生辉的和通透的时刻，"那么是否还有空间留给道德和自由？尤其是当豪伊森教授（Prof. Howison）强烈主张把道德和自由理解为多重自我之间的关系时，而在罗伊斯一元论的绝对思想之下，"不存在真正的多重自我"。我不会介绍那场讨论的细节，只是要求你们思考一下，通过引入我们的实用主义原则，是不是所有关于一元论和多元论的讨论，所有关于宇宙的统一性的争论，都会变得一目了然。

世界在根本上是"一"还是"多"，这个问题是一个典型的形而上学问题，有着漫长的历史。它的原始形式，堪称一个精妙的形而上学案例。"我说它是一个伟大的事实，"巴门尼德和斯宾诺莎宣称。"我说它是很多细微的事实，"原子论者和联合论者（Associationists）回答道。

"我说它既是'一',又是'多','一'中有'多',"黑格尔主义者说道。在平常的讨论中,我们很少超出这几种选择。但是,首先最明显的难道不是当我们考虑这个绝对和抽象的"一"时,它的意义是如此的模糊空洞,以至于我们是确证它还是否定它,都不会产生任何区别吗?整个宇宙当然不仅仅是"一"这个数字,但假如你愿意,你可以把它称作"一",把其他可能的世界称作"二"和"三"等。这时候,你肯定会问的第一个问题是,当你把整个宇宙叫作"一"时,在实践的层次上,你究竟想借助"一"表达什么意义?这个"一"以何种方式与你的个人生活发生关系?在你的经验中,它的表达造成了什么样的影响?面对作为"一"的宇宙,你应该如何行事?在如此追问之下,这种统一性也许会变得更加清晰,要么以某种方式得到确认,要么以某种方式被否定,尽管在这个过程中,某种模糊的、被崇拜的东西可能会消失。

例如,当我们处理某个事物时,我们能够从它的一个部分切换到另一个部分,而无须跳出这个事物。这种意义上的"一",必然被部分地肯定,同时也被部分地否定。对于整个宇宙,在物理上我们能够以各种方式从它的一个部分连续过渡到另一个部分;但是在逻辑和心理上,这种过渡似乎没那么容易,因为从一个心灵到另一个心灵,或者从心灵到物理事物,并不存在明显的过渡。你需要先抽离出来,再重新开始,因此,从实践的角度来看,世界不是"一"。

"一"的另一重实践意义是指它的集合特性。一个集合就是一个"一",尽管构成集合的东西有很多。那么,我们在实践层面上能够集合起来吗?在物理上不能,在心理上,若要求有具体的细节,那也不能。但是,假如只是从大概和抽象的角度来看,每当我们谈起它的时候,在心理上都是把它当作一个集合,比如我现在说起"宇宙"这个词,就好像在心理上画了一个圈,但显然,此类抽象事物不会带来实践层面上的影响。类似地,"混乱"这个词在理智上具有某种统一性的含义,但这种统一性似乎不会产生任何必然的后果。

"一"还有可能是指一般性的相同,如此,你可以用同一条规则来处理一个集合的所有部分并得到相同的结果。显然,在这种意义上,我们的世界作为"一"是不完整的,尽管它有很多元素和集合项相同,但还是有很多不可被还原的类别，因此，这个意义上的"一"无法涵盖所有的集合项。

不过，宇宙内部各个元素之间并非毫无关系，而是紧密联系在一起，可以被比较，可以按照某种方式彼此适配。这在实践层面上可能意味着它们具有相同的根源，即回溯至起点，我们可能发现它们源自同一个因果事实。这种起源的统一性具有确定的实践后果，至少在科学研究层面是如此。

匆忙之间，我只能做出以上不够全面的归纳，当我说实用主义的原则有可能帮助我们澄清一元论和多元论在统一性问题上的争论时，争论和误解仍将会继续，人们还会以绝对和神秘主义的方式谈论这个概念。我本人相信，只要运用皮尔士的原则，这项古老的争论也许可以得到完美的解决，双方都感到满意。当前的一元论在整体上过于抽象，它认为世界要么是纯粹离散的，没有任何总体性，要么是绝对统一的，没有中间道路可走。在这种一元论看来，事物之间一旦有联系，则联系一定是全局性的，联系背后还有更多的联系，直至形成一个绝对的总体。但是，这种绝对的总体联系要么没有意义，就像"一"这个词所表达的，要么意味着所有局部联系的总和。我相信，只要我们以这种方式去分析问题，寻找可能的联系，并在实践层面以明确的方式去把握这种联系，就不会有误解产生，以公正的方式解决争议，在"多"和"一"之间达成某种合理的妥协。

我可能说得太细致了，必须就此打住，接着往前走。

我可以很高兴地说，最早提出通过追问概念或理论对生活造成的影响以诠释其意义的哲学家来自英语国家，皮尔士先生只是通过一条清晰的准则将其表达了出来。这种伟大的英式研究方法意味着，要想知道某个概念的意义，就要追问自己"是把它作为什么东西来认识的？它带来了什么样的事实？它在具体的经验中有什么现实价值？它是真是假？对这个世界会造成什么样的区别？"这就是洛克考察个人同一性概念的方式。他认为，我们用它所表达的含义不过是自己的记忆链，这是它唯一能够得到具体证实的意义。其他相关的观念，如作为其基础精神实体的"一"或"多"，都缺乏可以被理解的意义；对涉及此类观念的命题，是肯定还是否定，关系不大。贝克莱也是这么对待物质概念的。物质的现实价值就是我们的生理感觉，后者就是我们对它的认识，是我们能够以具体方式确证到的全部。因此，"物质"这个词的全部意义就是生理感觉——除此之外的一切意义都是虚的。休谟也是这么看待因果关系的，因果关系是作为一种习惯性的前后相继被认识，出自我们自身的一种倾向，倾向于看到这种前后相继，除此之外，它不具有任何意义。休谟说："所有谈论因果性的书本都可以扔进火堆。"斯图尔特、布朗（Brown）、詹姆士·穆勒（James Mill）、约翰·穆勒以及贝恩，或多或少沿袭了相同的方法，霍奇森对它的运用几乎和皮尔士先生一样清晰。毫无疑问，其中有些哲学家在运用这种方法的时候过于极端，否定的东西太多，尤其是休谟，还有约翰·穆勒和贝恩。但是，在康德把批判方法引入哲学，使哲学成为一门值得严肃对待的学问之前，他们就已经完成了这一切。毕竟，若哲学辩论从来不会对我们的行为造成任何看得见的区别，哪里还值得我们严肃对待呢？若所有的命题在实践层面都没有意义，它们是真是假，又有什么关系呢？

　　这些英国哲学家之所以存在不足之处，否定的东西太多和过于草率，不是因为他们紧盯着实践后果，而是因为他们对实践后果的追踪不够彻底，没有看到它的界限。借助休谟主义的原则就可以对休谟的观点加以修正、重构和丰富，无须使用康德那种迂回冗长的方法。在我看来，哲学史没有沿着这条路走下来，是一件很可悲的事情。休谟之后，在英国没有出现有足够能力的继承者去完善他的工作，对他的错误加以修正，所以才会把建立批判哲学的工作留给了受康德影响的思想家。甚至在英国本土，也盛行借用康德主义的概念和范畴，以一种更充分的视角来把握生活；在我们的大学里，学生们更感兴趣的是先验论，而不是英国哲学。我认为事情不应该是这样的。我不是出于民族沙文主义来说这番话的，因为哲学容不下沙文主义；我也不是出于伟大的盎格鲁-美利坚联盟来说这番话的，尽管在今天经常可以听到这种说法。我之所以持这种观点，是因为我真的认为，从知性、实践和道德层面来说，英国哲学的精神都更加合理。康德的思想就像最稀有、最精美的文物，无论是内行还是业余的爱好者，都愿意去拜访和鉴赏它；康德对其工作的脾性和态度也特别有吸引力。然而，在根本上——尽管当着你们当中某些人的面这么说让我很不安——他只是一个"小摆件"，一个"标本"。我的意思是说，康德所留给我们的东西，对哲学而言不是不可或缺的；在他之前，哲学之中没有这些东西；在他之后，对科学理论的反思也不一定产生这些东西。简言之，在我看来，哲学发展的真正路线本可以不经过康德到达我们现在站的位置，哲学完全能够以更加直接的方式延续古老的英国哲学传统，绕开康德获得一种更充分和完整的形态。

给哈格尔德·霍夫丁
《哲学问题》作的序

　　在当前在世的哲学家中，哥本哈根的哈格尔德·霍夫丁是最有智慧和最有学识的哲学家之一。他的心理学、伦理学以及《现代哲学史》(*History of Modern Philosophy*)使他的名字在英语世界广为人知，并赢得了尊敬。可惜的是，他的《宗教哲学》(*Philosophy of Religion*)还没有被翻译成英文，可以说，这本小册子是他的哲学遗嘱。在书中，他以极其紧凑和简练的方式总结了自己一生对各种哲学观点的思考。在我看来，此书的内容是如此之丰富与合理——至少在我看来是合理的——我把它翻译出来，作为英语学生的教育读本。

　　哲学中的理性主义从整体贯穿至各个部分，认为事实与事实之间的联系在根本上是内在的而不是外在的：一方面，宇宙是一个整体，存在的各个部分相互勾联，具有连续性。另一方面，经验主义从部分走向整体，承认某些部分相对于另外的部分在最终的意义上是额外或不相干的，"和"（And）这个词语所表达的联系，既可能是真实的，也可能只是人类的一厢情愿。在极端的理性主义那里，实在本身永远是完整的，经验的混合是一种幻象；在极端的经验主义那里，这种混合本身就是真实的组成部分，是我们直接思考实在之时得到的一种"永不充分"（Ever Not

Quite）的结果。哲学教授们几乎都是理性主义者，穿过大街走进教室的学生一般会通过教授看到一个十分抽象、纯粹与合乎逻辑的完美世界；然而在学生们看来，这个世界和教室外面那个由诸多事实混杂在一起的世界几乎没有任何相似性。

霍夫丁教授的独到之处在于，虽然他的方法是理性主义的，叙述风格抽象且偏技术性，但是其结论却触及了具体实在的特征，承认我们对生命的理性认识可能"永不充分"。

"理性"一词在这里表示某些明确的关系，霍夫丁教授有时候也称之为"连续性"（Continuities），其反义词是"非理性"（Irrational），指原始的、非逻辑的（Alogical）或纯粹的事实，无法被我们的逻辑体系纳入其中，与其他事实构成一个连续的整体。连接词"和"就成了连续部分和残留部分的唯一纽带。简单地说，霍夫丁教授是一名经验主义者和多元论者，尽管他喜欢把自己称为一名批判的一元论者（Critical Monist）。"批判"一词在此处是指实在的连续性和统一性在任何时候都是不完整的，但处于走向完整的过程中。我们的思维本身属于实在的一种，当然也是不完整的；但随着我们的努力，让它具有更大的连续性，以更理性的方式看待世界，它便朝着更连续性的方向前进。类似地，被造物作为一个整体也许同样处于这个过程中，努力让自己变得更有连续性、更符合理性。

以理性主义者的方式呈现经验主义者的问题，在我看来，这就是此书的独到之处。它小中寓大（Multum in Parvo），对通常具有理性主义头脑的哲学专业学生有着非常好的影响，为了他们，我把它翻译成了英文。

我承认，要想理解书中某些段落的深远意义，分清其主次，需要有一定的哲学知识积累。对新手来说，它们过于简练和抽象，为此，我把此书中一些特别值得注意的立场画了出来。

刚刚提到，世界在任何时候都是不完整的，我们的思维也是如此，它只能以某种方式接近完美。换言之，完美可能不是永恒的常态，只是事物不断追求的一种理想，在这个过程中，上帝可能也参与其中。按照这种观点，时间一定是真实的；霍夫丁教授说我们不能将它从绝对实在中驱逐出去，置于理性之外。基于这种一般性的立场，霍夫丁教授提出了动态的真理概念，与静态的真理概念相对立。他的意思是说，知识是一种关系，即我们的思维活动与实在的关系，有效的思维活动即最真的思维活动——在这里取其最宽泛的意义。因此，思维是我们通过逐步的调整用来适应对象的工具，有时候，它的职责仅仅是复制对象。在所有的这些问题上，霍夫丁教授既与经济学派的科学逻辑学家一致，也和英语学界近来的人道主义和实用主义相一致（假如我没有弄错的话）。

霍夫丁教授的批判（和绝对相对）的一元论是指，尽管我们无法通过整体对其中的部分给出彻底的说明，但由于我们称为事实的东西是由它与其他事实的关系组成的，我们同样无法把任何一个事实看作是完全独立的部分。部分在自身之中仍然具有一种抽象性，来自一个本身被我们视为某种理想的整体。二者都不是通过经验被给予的，也不是完全由理性提供的。因此，无论是在整体之上还是部分之下，思维都无法再继续，只能以非理性告终。在最终的意义上，这意味着存在确实是不完整的，不论我们在逻辑上怎么理解完整。没有人比霍夫丁教授更好地揭示了我们对事物之全体的定义，全体与部分之间的关系，类似于宪法与其部分之间的关系，全体被我们理解为一种类现象（Type-Phenomenon）。没有人比霍夫丁教授更好地表明，此类思维具有逻辑上的局限性，我们永远不能证明它的合法性。我们只能描绘出或多或少看起来合理的图景，哲学和科学在这种意义上类似于艺术。

根本性的类现象，是指那些使事物在精神上能够被我们或多或少地理解的事实。因此，存在和我们的精神形式不是没有一致性，精神形式具有统一作用，因此我们必须假设，在思维中具有统一性的存在，在其他地方同样具有统一性。在这一点上，霍夫丁教授的一般性立场与观念论的思维方式一致。不过，他仍然坚持认为，思维对存在的表达总是会有遗漏的地方。

在伦理学中，同样存在部分与整体之间的悖论或冲突。一方面，单一的行为必然具有独立的价值；另一方面，它又是导向其他价值的一种方式或过程。基于任何被具体给予的整体或部分，我们无法演绎出一个连续的伦理体系，由此得出的体系仍然是一个空洞的抽象物。无论是在存在中,还是在具体的思维中,我们必须认为"善"或"好"的王国仍然处于塑造的过程中。

在我看来,霍夫丁教授的宗教观念是他最出彩的地方之一。他把宗教定义为一种信念,一种对终极价值或价值对象的信仰。相较于我所了解的其他定义,这个定义涵盖了人类宗教史中更多的具体事实。不过,很容易就可以想到,经验有可能改变我们关于理想价值的认识,因此宗教哲学的地位并不比其他哲学的地位更加稳固。信仰某种价值,这种行为本身就是一种价值,因为它能够为生活带来力量。这项功能是如此重要,它必然总是可以找到某种新的形式,发挥和以前的宗教差不多的功能,不论新的形式是不是被叫作宗教。

一个未完成的世界,包括所有的被造物,和我们的思维一起,挣扎着向更连续和更好的形态发展——这就是霍夫丁教授关于哲学问题的一般性观点。无疑,我所强调的观点仅仅是自己最感兴趣的观点,其他观点——很多根本性的观点——只能留给读者自己去找。最后需要补充的一点是,我对译文进行了细致的修订,我相信它忠实地(尽管不一定优雅)体现了作者的原意。

帕皮尼和意大利的实用主义运动

长期以来，美国的学生习惯从德国寻找哲学灵感。现如今，法国欣欣向荣的心理学和哲学活动也开始引起了他们的注意。而对于意大利，甚至没几个人觉得有必要学习它的语言。与此同时，意大利的知识领域正处于文艺复兴的阵痛期，和它的政治状态完全一样。意大利人还是从政治角度给思想贴标签，划分资本主义者、教权主义者或实证主义者的阵营。不过，这种源自黑暗时代的习惯正在慢慢消亡，古意大利的天才和智慧在今天显然没有衰退，一直以来的个人主义倾向在它身上又开始变得强大起来，这一点在哲学上体现得最为明显。

为了说明这一点，让我简要地介绍一下月刊《莱昂纳多》(*Leonardo*)（在佛罗伦萨出版，现在是它的第四个年头）所体现出的一股激进的实用主义运动。这本杂志的编辑是年轻的乔瓦尼·帕皮尼，相关论文的作者有普雷佐利尼（Prezzolini）、瓦拉蒂（Vailati）、卡尔德洛尼（Calderoni）、蒙多拉（Amendola）等人。相较于讨论实用主义、杜威主义或极端经验主义的一般性论文，在这个国家尤其是在这本杂志上讨论实用主义的文章很不一样，至少让我产生了耳目一新的感觉。在我们的大学研究所（这么多秃头秃脑和直心肠的年轻人在这里攻读博士学位，这些年写出的"论文"和"报告"充满了学究气，毫无新意，没有确定的结构，内容烦琐冗长，一个个脸皮很厚，批评也不管用），年轻一代哲学家所做出的成果几乎完全"钝化"了实用主义的原本意义。显然，自从约翰·杜威的《逻辑理论研究》出版之后，没有哪个国家会像我们这样，写出了这么多的垃圾文章。据我估计，德国肯定不在此列。

另外，在佛罗伦萨的《莱昂纳多》发表的论文，简明清晰，既有新意又有深度，同时也带有一点欢快和鲁莽，散发着青春和自由的魅力。帕皮尼先生在删减不必要的表达方面很有天赋，擅长用通俗的语言解释专业性的表达。他既能够运用华丽的辞藻给出文学性的描述，又可以像一名学者那样冷静地区分不同的主题。由于他是他们那些同行当中最狂热的实用主义者（他有些同伴在关键问题上有所保留），我就集中介绍他的观点。他在文章中所介绍的是关于实用主义运动的一般性工作，但是从2月份的《莱昂纳多》以及他刚出版的《哲学的黄昏》(*Il Crepuscolo dei Filosofi*)①的最后一章可以看出，他是一名最极端的实用主义支持者。

《哲学的黄昏》一书在其前言中就展现了某种激情，表达了作者对几位哲学家（康德、黑格尔、叔本华、孔德、斯宾塞以及尼采）的个人理解，并明显表现出一种不屑，认为他们的哲学起到了阻碍作用，自己将建构一种新的哲学。在这里，我只谈谈其中几个立场坚定、笔法泼辣的关键性章节。作者仅仅点出了根本性的立场，并不总是涵盖所有内容。此外，对于康德和黑格尔的哲学思想，其观点所起到的作用究竟是支持还是反对，这一点还有待商榷。作者的激情体现在前言和最后一章，他用"甩掉包袱"来形容对以往哲学思想的告别，主要体现了他对夸张的普遍性和抽象的抛弃。实在在他这里仅仅是一种分布式的存在，即仅仅体现为各种具体的经验，抽象物和普遍对象仅仅是我们处理经验的工具。

在《莱昂纳多》去年刊登的一篇文章中，②他简明扼要地从整体上描述了实用主义的视野和规划。他说，在根本的意义上，它意味着一切理论和信念向它们的工具价值回归，从而"软化"(Unstiffening)它们的地位。它吸收了诸多古老的哲学观点并使之相互协调，如以下几种：

---

① 米兰：伦巴第（Lombarda）出版公司。
② 1905年4月，第45页。

唯名论（Nominalism），即诉诸具体事物。实用主义不仅对语词持唯名论的立场，对短语和理论也持唯名论的立场。

功利主义（Utilitarianism），或者对实践的强调。

实证主义（Positivism），或者蔑视口头上没有用处的问题。

康德主义（Kantism），像康德那样认可实践理性的首要地位。

唯意志论（Voluntarism），在心理学的意义上，理智的次要地位。

唯信仰论（Fideism），就其看待宗教问题的态度而言。

根据帕皮尼的观点，实用主义不过是一系列态度和方法的集合，它的首要特点就是在各种哲学原则之间保持中立。它就像旅馆里的走廊，有很多扇通向各个房间的门。打开一个房间，你可能看到有人正跪在地上祈祷重新获得信仰；打开另一个房间，你可能发现里面坐着一位渴望毁灭所有形而上学的破坏者；打开第三个房间，里面可能是一个实验室，某位研究者正在寻找新的支点以构建新的理论。然而，这条走廊属于所有人，任何走进房间的人都必须经过这条走廊。简言之，实用主义是一种伟大的走廊理论（Corridor-Theory）。

在《哲学的黄昏》中，帕皮尼先生说实用主义对他而言是扩展行动方式的必需品，让我们洞悉普遍对象的虚浮，带来可供使用的精神力量，实用主义意味着创造世界，而不仅仅是代表世界和思考世界。简言之，不同于其他的哲学思想，它能够激发人类的活力和行动。

"一切形式的人类生活的共同标准是寻求借以行动的工具，或者说，寻求行动的力量。"

行动在帕皮尼这里是指一切被意识推动的变化，不论是增加还是减少现存的实在。艺术、科学、宗教和哲学都是用来产生变化的工具，艺术改变了我们看待事物的视野；宗教改变了我们至关重要的生活基调和希望；科学告诉我们如何改变自然的进程，如何与自然互动；哲学不过是一种更透彻的科学。特里斯坦（Tristan）和伊索尔德（Isolde）、天堂、原子以及实体，都没有反映真实的存在，都不过是实在之外的创作，人基于自己的需求或激情对其加以改造、构建和诠释。实证主义宣称，我们必须让观念—理想世界尽可能地接近现实世界；帕皮尼则强调我们的责任是把现实世界尽可能地改造成观念-理想世界。后者之所以广泛存在，是因为现实世界没有让我们得到满足。观念—理想世界与我们更加相符，更多地认可我们的欲望。我们必须把它们视为一种理想边界，实在或现实必须不断地向它们靠拢。

然而，我们所用的观念工具都是不完美的。艺术、宗教、科学和哲学分别具有各自的缺陷，而其中哲学的缺陷最为严重。不过，哲学具有再生能力，既然最具普遍性的理想是变化和行动，那么哲学可以变成一种严格意义上的实用工具，即一种关于人类行动的普遍性理论。于是，我们能够以最抽象和最具包容性的方式把目的和方式放在一起加以研究，如此哲学把自己分解成一种比较性的讨论，探索一切可能的人类生活形式，只要我们把人视为一种创造性的存在。

这样一来，人就成了某种意义上的神，那么人的边界在哪里？在去年2月份刊载于《莱昂纳多》的一篇题为《从人到神》的文章中，帕皮尼先生发挥自己的想象力考察了这个问题。他的尝试究竟是大胆创新还是荒诞不经，取决于读者怎么看。在他的描述中，文学成分显然多于哲学论证，风格较为鲁莽，对此，除了表示尊敬，我无法给出其他评论。为什么人类不能把无所不知、无所不能作为自己的方向，有条不紊地向这个目标接近呢？为什么人类不能把神圣安息作为自己的终极目标，最终达到一种平静状态，所有的欲望都得到了满足，不再需要任何的行动呢？人类定然还有很多未开发的力量和关系，无论是精神上的还是物质上的，我们为什么预先设想人类存在极限呢？假如没有极限，为什么最不可能的理想和追求没有在计划之列？

"人—神"计划当然有可能是哲学中的一个伟大的议题。我本人对实用主义的领会和把握比较缓慢，席勒和约翰·杜威及其学派的著作提到了实用主义更宽泛的意义。在这位意大利年轻人简短清晰、富有勇气的著作中，我不仅看到英语世界的实用主义在进一步的发展中与其相一致的可能性——至少在我看来是如此——还读到了一种团结奉献的情怀，它似乎有可能把实用主义发展成某种激进的宗教或准宗教哲学。

在这个新奇的领域，它最大的优点在于从不给出未经证实的教条，或表现出独断的虚荣。

当我们从自己所相信并生活于其中的现实世界回望过去，当我们试着理解知识的内容和结构在我们的心灵中是如何一步一步成长的，不得不承认，客观和主观的影响在这个过程中相互交织，我们现在还无法分别衡量它们的贡献或分清主次。就像一个人走了一英里（约为1.6千米）的路，我们不能说是左腿还是右腿起到了更大作用。在一条河流的河床的形成过程中，谁能分清楚，起着更大作用的是水还是泥土呢？诸如此类的问题，在我看来就像约翰·杜威和席勒关于真理的争论。主观因素和客观因素已然迷失在时间的长河中，变得不可分，只是在新真理得以发展的方式中，我们看到主观因素必须始终保持活跃。因此，它们在一定程度上具有创造性。在我看来，这一点使意大利整体的实用主义运动可以被接受。不论它关于"神—人"的论述是否合理，这一群意大利的实用主义者都表现出了极高的学识和天赋，精神饱满，思想自由，毫无学究之气。

疯了的"绝对"

在《哲学、心理学与科学研究方法》的10月份刊中，戈尔先生干练地把席勒先生关于"绝对"的玩笑转换成一个关于玩笑者的玩笑。我想，那些为席勒先生的玩笑感到苦恼的人一定很高兴。

但是，游戏就此反转了吗？

戈尔先生提到，疯了的不是绝对，而是不完整的和有限形态下的我们。完整形态的绝对有着非常完美的理智，只要我们成功找到它，就有可能被治愈，与万物融为一体，恢复我们真实的自我，后者原本浑然一体，无所不包，宇宙由此将很好地醒来。

然而，既然是完整形态的绝对这样一种绝对，那么它怎么会生病呢？作为有限的主体，我们很了解自己的病情，不需要任何有限经验之外的哲学来告诉我们，分裂的自我进行更高程度的结合可以起到补救作用。但假如失去理智和陷入疯狂状态的人同样表现着绝对，那么这种绝对它是如何或者何时变疯狂的呢？假如它曾经是理智的，它的支持者当然应该给出解释。此外，在这种情况下必须假设我们曾经一劳永逸地废弃和取消了它原始的整体性。或者，这种整体性仍然在幕后完好无损，与作为绝对之碎片的人同时存在，就像患有人格分裂症的萨丽·比彻姆（Sally Beauchamp），它知道我们的一切，而我们对它知之甚少？

假如绝对曾经是理智的，但后来"疯了"，我们就必须面对时间序列中的陨落之谜。戈尔先生的一元论引入了时间形式，绝对的陨落是发生在时间中的一个事件。但是，在其他的一元论者看来，引入时间形式的一元论不是正统的一元论，他们认为绝对不在时间之中，就像萨丽那样，后者仅仅与我们分裂的自我并存。

假如绝对之整体性在幕后完好无损，那么自我的重新结合还有什么意义呢？这种绝对主义的哲学认为，我们希望通过这种方式得到治愈。它是要复制第一个绝对，生成另一个绝对吗？或者，它可以被重新吸收，只留下一种不可分的、首要的绝对？我们究竟应该怎样去设想它？根据绝对主义的原则，再吸收似乎是不允许的。没有时间序列，很难行得通；而且它强烈地暗示着，这是在永恒的绝对主体上治疗疾病，就像一个人的皮肤上冒出一个疹子，然后在皮肤上被治好。但是，绝对没有"皮肤"，没有外在。

因此，我怀疑戈尔先生的一元论并没有化解绝对的困境。说绝对永远是三位一体——纯粹的同一性自我、有限的流溢或喷发，然后是再吸收——并不能从根本上解决问题。然而，我相信他和席勒先生的争论起到了非常重要的指引作用。绝对是哲学中的一个重大假设，必须得到彻底的讨论。其支持者通常仅仅把它理解成一种逻辑必然性，但是在我看来，他们自己使用的逻辑也经常是"坏的"。在这个问题上，我认为我们应该认真考虑世界意识的假设，就像讨论其他事实性的问题一样；这意味着把所有的自然类比都归纳在内。在哲学上，在对某些已知的和具体的部分进行类比之后，很少有人进一步诠释未知的整体。到目前为止，唯一在世界—灵魂问题上做过细致工作的人只有费希纳，除了逻辑论证，罗伊斯也支持类比的论证。我情不自禁地想，假如费希纳有继承者的话，他一定会充分利用莫顿医生分析过的那些案例。①

---

① 莫顿·普林斯（Morton Prince），《人格分裂》（*The Dissociation of a Personality*）。

布拉德利或柏格森

在去年10月份的《心灵》杂志上，布拉德利博士在一篇论文中真诚而简练地总结了自己的世界观。他的思想和柏格森的思想在很多方面是一致的，但是最终的结论又相差甚远。在我看来，对他们做一个比较，应该可以为我们带来启发。你会发现，二者之间的分水岭是如此的明显和突兀，任何一方的支持者都不能找借口，说不知道自己为什么这么选。

布拉德利第一个重要的直率之举是脱离康德主义的传统，后者主张直接的感觉是完全分离的。在他的"逻辑"和"表象"中，他坚持认为我们在感觉流当中直接与实在相遇，在这种相遇中，感觉的形式具有连续性和整体性，后者来自一种透明的"丰富的当下"（Much-at-Once）。这一点与柏格森的观点完全一致。在肯定生动经验的相邻部分的"内渗"（"内浸透"）（Endosmosis）时，这位法国作家把最小的感觉单元理解为一种被直接意会到的"丰富的当下"。

传统的观念论则认为，感觉从一开始就是不连续的，其连续性是通过理性运用各种综合性概念"编织"出来的。布拉德利和柏格森都反对这一点，尽管他们的战术不一样，但立场相同，他们反对把观念的本质理解为诸感觉的统一。对柏格森而言，所有的概念都是离散的；尽管我们能够从连续性中获得离散性，但永远不可能通过离散的概念重新构造出连续性。此外，概念都是静态的，永远无法代替知觉流，后者具有一个不可分割的特征，即活动和变化。柏格森说："若我们过度地使用概念，它们只会让事物更加难以理解，而不是更容易被理解。"它们的实践价值大于理论价值，扔掉披在直接经验身上的那张由抽象概念和关系织成的网，经验才会露出真容。

布拉德利也和理性主义的立场相差甚远，不过，在批判概念的功用时，他的立场更加彻底。在他看来，当我们基于理智来处理感觉实在时，它们会变得越来越不可理解；活动得不到解释，关系相互矛盾，变化变得不可接受，人格变得晦涩不明，时间、空间和因果关系都不再可能，什么东西都没有留下。

柏格森和布拉德利对理性主义的背离如出一辙，二者步调完全一致，直到分道扬镳。感官知觉首先发展成概念，概念随后发展出更加细微、彼此相互矛盾的成分，发挥特定的作用，最后走向使用过度。基于这一信念，柏格森抛弃了概念——尽管它为我们带来了诸多好处——回到透明的、集多样性于一体的知觉。他把知觉完完整整地引入哲学，将其视为一种不可被任何东西替代的材料。他说，知觉材料的缺陷不在于它的性质，而仅仅在于它的范围。在柏格森看来，直接认识实在的方式就是沉浸到知觉材料中，用我们通情达理的想象力扩充它们的边界。直接的知识比概念性的知识更加深入。因此，柏格森一方面与过时的经验主义相一致，另一方面走向了神秘主义，他对理性主义的背离可谓再彻底不过了。

布拉德利的背离同样彻底。感觉流中的一体性（Oneness）被看作是实在的属性，甚至至高无上的"绝对"也必须具有这种属性。概念只会带来误解而不是理解，它们把我们遇到的实在转变成一种被思维的现象。不过，尽管布拉德利在这个问题上反对理性主义，但他反对经验主义的方式则贯穿始终。原始的直接感觉永远不可能成为真理的一部分。他写道："在我们看来，一方面，判断必须超越它所依赖的感觉的直接统一性，另一方面，判断必须在观念上符合实在……这是判断根本性的矛盾所在……因为观念不可能像感觉那样以直接的方式把握实在……这样一来，感觉状态下的实在，在原则上被抛弃了，同时我们也没有找到其他把握实在的条件和方式。"①

布拉德利先生说:"在原则上被抛弃了。"事实上,从这里开始,似乎只有某种拒绝"未经转换的"感觉进入哲学并让他深信不疑的原则才能解释他的思路。他说:"在哲学入口处,似乎有一个分叉路口。其中一条是在观念中寻找真理的道路……在这条路上,只能找到观念,没有任何当下的东西……你若选择这条路,就只能接受这条原则……这条路无疑是虚幻的。但是,假如你选择走这条路……最后给观念指定对象(如感觉等)的方式也行不通……我把这条路称作哲学之路……它不是一条生活或常识之路,也许可以说,这条原则取决于个人的选择。生活之路则自始至终都是以感觉为基础……在哲学之外,无须理解和融会贯通,只需接受。不论是好是坏,坚持具体感觉的人必须待在哲学之外……我看到,在生活或常识中,没有人能够完全脱离感觉。但是,如何将其纳入最终的理论,如何利用感觉的确定性,同时又保障它不会发生转换,我自己也不清楚。我知道,哲学之路是片面的,在它的缺陷没有被修复时,人们讨厌它,对它感到绝望。但是,为了弥补缺陷,把被感觉到的'这个'(This)和'你的'(Thine)整个地引入哲学,在我看来是因小失大。"②

布拉德利先生的原则似乎是穷途末路之后的绝望之举。我们在感觉中遇到实在,当我们将其发展为观念时,它的某些方面变得更好理解,于是我们拥抱了真理,而不是实在。然而,真理在越过了实践的界限之后,发展成一片晦涩不明的沼泽。到这里,明智的自然之举似乎是放弃这样一种真理观念,即真理是对实在的彻底改良,承认它的价值是有限的,然后再回头。但是,之前特别忠诚地沿着这个方向前进的布拉德利先生不是这么做的。前进、前进、让我们出发!他做出了孤注一掷的一跃,试图超越概念(Transconceptual),设想在观念性的视角之外存在某种超越一切关系(Suprarelational)和概念的终极实在,在这种实在当中,感觉的整体性、确定性以及统一性,这些我们一旦选择观念之路就将永远失去的东西,将以新的形式复苏,作为一种"可以是""一定是",

---

① 《心灵》,1909 年 10 月,第 498 页。
② 同上,第 500~502 页。

因而"是其所是"的绝对，成为我们唯一真实的哲学对象。坦率地描述它与信念的关系的唯一方式是说"它将是……"，而布拉德利先生的描述与之非常相似。

如何让情境中的因素变得更加显眼？或者，什么东西可以让涉及个人选择的因素获得更多的关注？

布拉德利先生承认："哲学的道路不是生活的道路，但对哲学家而言，"他补充道，"似乎只能如此——就像我们说挨饿的方法不是生活的方式，但对挨饿的人来说，挨饿就是生活的全部。"就算是吧！尽管让一个人选择成为这种哲学家或挨饿者的理由并不清晰。我能够想到的唯一动机是知识分子对普遍对象的执念，相较于感官的具体对象，普遍对象更加高贵和崇高，更加合乎理性。它们远离感觉，认为更高尚的心灵总是把它们放在首位。根据这种观点，不进入生活比进入生活更加高尚。

这个理由非常简单，任何人都可以采纳。在生活与哲学的分水岭上，布拉德利先生选择了哲学，落入了绝对和抽象物的峡谷，那儿栖息着虚构的、超越一切关系的存在，他更喜欢这些；那儿不存在"相信的意愿"（Will-to-Believe）。布拉德利先生不同于其他的反经验主义者，既不信任经验，也不信任思维。前者完美地向他揭示实在的内在性质，后者一旦多走几步，就会彻底遮蔽实在。然而，一旦选择了观念之路，布拉德利先生认为我们就无法回头，只能寄希望于绝对将以某种无法被我们理解的方式，再现感觉最初通过直接、透明的方式让我们熟知的那种统一性、整体性和确定性。

另外，柏格森和经验主义者响应了生活的号召，走进了一个有着如茵绿草和清澈溪水的山谷。假如在可感的具体实在中，能够以非常有说服力的方式揭示其结构当中的"一中之多"（Manyness-in-Oneness），那么，假如你愿意的话，可以承认哲学具有布拉德利先生所说的片面性，不把知觉知识称作哲学，但是要认识到，感性知识才是唯一完整的知识类型。一方面，这是对生活的厚重与生动性的认识，熟知它是"我的""你的""现在的""这里的""那里的"；另一方面，这是对超越概念的虚幻之物如"绝对"的认识。在我看来，在二者之间选择后者的理由，只是对"哲学"这个名称的迷信和执着。但是，假如要拿名头来歌功颂德，那么也可以把"哲学"这块牌匾送给这种更完整、由知觉和概念混合而成的知识。

作为一名极端的经验主义者，我没有理由不站在柏格森这边。他和布拉德利一起确证了我对未"嬗变"之知觉的信心，认为概念靠不住。在我看来，他们的工作汇集成了一个如今每个人都面临的选择，且每个人在做出选择时都必须清楚地阐述自己的理由。可以选择成为一名经验主义者，也可以选择成为一名超概念主义者（Transconceptualist），只要你愿意，但至少说明为什么！我真诚地相信，布拉德利先生的理由别无其他，只是出于对经验主义长期以来的偏见。因为在上面引用的那段文字中，我没有找到合理的理由可以解释他为什么做出了这种选择。假如他能够改变想法，走入另一片山谷，那将是英文学界一个重要的事件。正如康德曾经扑灭了所有形式的理性主义，也许柏格森和布拉德利也会让后康德主义的理性主义永远埋葬在两处山谷之间。

关于神秘主义的一点看法

近年来，在哲学领域出现了很多讨论宗教神秘主义的文章。我见到的大部分文章都是从外在的视角谈论这个话题，没有一个人是基于权威的个人经验论证自己的观点。我也是一个局外人，我说的这些很可能会让某位局内人听到。然而，既然讨论这个问题的都是局外人，我也想谈谈自己的看法。

简单地说，我的看法是，也许可以把神秘主义的直觉看作是普通意识领域的一种非常突兀和重要的延伸。关于这种延伸的原因，我没有任何想法；但假如我是对的，延伸所扩张的领域极其之广，平时超出边界的地域也将被覆盖在内，原来的边缘地带将更加接近中心。在我看来，费希纳的"浪潮计划"（Wave-Scheme）可以形象地描述这种变化。当下的知觉之浪突破阈值，涌出了通常的意识领域，渐渐从各个方向流向比它低的地方；在这种情况下，不管是出于何种原因，阈值降低让我们看到的景象，类似于春潮退却后变得特别平坦的海岸；平时被覆盖的大片领地此时袒露无遗，只要有海浪冲过来，大部分景象就将被淹没在水下。

有些人的意识领域十分宽广，有些人的则十分狭窄。意识领域的狭窄意味着知觉之浪特别陡峭，只要阈值突然降低，他们——在这里，我是基于直接的个人经验——的意识领地就会得到扩展，通常在阈值下方的事物与其核心区域的联系就会暴露出来。看到这么一幅全景图，心灵必然兴高采烈，充满了精神力量，这是一种全新的经验。在我看来，它的产生形式必然十分丰富，让人产生神秘主义的体验。

为了让我的假设显得更加清晰，有必要就意识领域谈谈我的看法。这个领域在任何时刻都是由大量当下的感知构成，以记忆、情感、概念等形式，不过，这些成分虽然名称各异，但实际上是不可分的。意识的形式是一种统一的"丰富的当下"，是承载感觉、记忆、概念、冲动等成分的一座熔炉。作为一个整体，这个领域在时间中具有连续性；一个感觉—团块变成另一个感觉—团块，使我们的经验产生了一种逐渐变化的当下感，同时记忆和概念具有时间系数，能够在一定程度上超越当下的束缚，在相对广阔的时间轴上移动。

现在，当阈值降低，被我们发现的不是下一个感觉—团块，因为感觉的产生需要新的物理刺激，纯精神性阈值的改变不可能产生感觉。只有在物理刺激已然在阈值之下发生作用，为下一个感觉的出现做好准备的情况下，在阈值降低时才会有"潜感觉"出现。但是，记忆、概念和情感状态的情况有所不同，没有人知道我们平时关于它们的意识离边界有多远；或者说，没有人知道我们当下关于它们的超限（Trans-Marginal）意识，其"余量"有多少。① 无论如何，在意识的中心区域和边缘地带之间不存在明确的界限，且边境本身也没有明确的界限。就像我们的视野，眼睛稍微移动，视野就会得到扩展，揭示一直在那儿等待着被发现的对象。类似地，我认为阈值的降低可以让潜意识的记忆、概念、情感方面的感觉以及对关系的知觉等一下子被看到；假如这条环绕当下感觉—团块的界限所扩展的领地足够大，且里面的东西没有单独地引起我们的注意，那么我们就可以获得某种在本质上与神秘主义相符的意识体验。若阈值的变化转瞬即逝，则这种意识经验也转瞬即逝。它也与实在相关，在更大的范围内照亮实在。相较于平时，它当下所覆盖的领地要更广，对内在关系的感知在很大程度上得到强化。这种意识经验的形式是直觉或知觉性

---

① "阈值之下"和"超限"的意思相同。有些心理学家从整体上否认此类意识的存在［例如，皮尔士和闵斯特伯格（Munsterberg）明显如此］；有些人（如柏格森）承认此类意识存在并承载我们所有的过往；还有人（如迈尔斯Myers）认为它可以从一个人的心灵（以心灵感应的方式）进入另一个人的心灵。基于我的假设，我必须假定它存在，且一旦做出这种假设，我倾向于不给它设定任何确定的边界。

的，不是概念性的，因为被记住或设想的对象在新开辟的领地中不能单独地引起注意，只能在感知中展现为一种巨大的丰富性。假如它们分别被注意到，我们只能获得普通的意识之浪，不包含任何神秘主义的特征。

这就是我的看法，无疑，那些有过神秘主义体验的人会有不同的看法。假如他们能够给出明确的批评和建议，我的目的也就达到了，即帮助大家更好地理解神秘主义的心理状态。

我提出的这种观念，最初源自我的一些个人体验，后者十分突然，是对意识领域的一种扩展，且很难被理解，让我产生了一种奇怪而真实的认知感。这些体验全部出现在过去的五年里，其中三次比较相似，只有一次与众不同。

这三次相似的体验是，我的意识经验在十分常见的情境中突然被打断，持续不到两分钟。有一次，我正在和别人聊天，但我怀疑对方没有发现我走神。每次都是，我似乎突然想起了过去的某种经验；这种此前我能够单独想起或命名的联想，接着往下发展成某种更深入的东西，如此层层递进，看到越来越遥远、无法得到清楚表达的事实，直到这个过程结束，让我十分震惊。这种意识的类型是知觉性的，不是概念性的——意识领地的扩展速度是如此之快，没有给概念留出发挥作用的时间。这让我有了一种激动万分的感觉，我对过往实在（或者现在？）的认识在一步一步地扩张，但速度快到我的知性能力跟不上它的步伐。因此，它的内容完全无法被内省到，就像梦一样，在我们逐渐清醒的过程中消失在意识的边境。这种感觉——我认为它不是信念——就像我突然打开了一扇窗，透过它我看到了遥远的实在，后者以难以理解的方式从属于我的个人生活。这种感觉是如此深刻，以至于我现在都难以忘怀。

深信它揭示了事实，具有知觉性的形式，无法被清楚地表述出来，这些都属于神秘主义体验的特征。区别在于，在我的经验中，实在领域仅仅沿着特定的方向突然被揭示，而在典型的神秘主义经验中，似乎是实在整体一下子被揭示。无论如何，某些东西被揭示是这种现象的本质，借用费希纳的浪潮隐喻，我用"阈值的下降"来表达这层意思。

第四次体验和梦境相关。我的意识中突然被插入了关于两个梦的记忆，我不记得自己做过这样的梦，但它们似乎以某种方式与我产生了联系。我实在没有办法给大家描述这种令人绝望的困惑，这是我一生中最奇特的体验。在此事发生数天之后，我把它完整地记录下来，并做了一些反思。尽管它无助于我们更好地理解神秘主义的经验，但似乎也值得发表出来，就算作为一份对病理性精神状态的描述文档。下面是当时的原文，只改了几个词，以使表述更清晰。

"旧金山，1906年2月14日——前天晚上，我在斯坦福大学的卧室里醒来，时间大概是19点30分，刚刚做了一个平静的梦；正当我恢复思绪的时候，突然想起另一个完全不一样的梦，两个梦混在一起，后者嵌套在前者中，十分详细，与狮子有关，是一个悲剧。我的结论是，两个梦都是刚才做的，后者发生在前。然而，两个梦明显地混在一起，十分反常，我之前从未经历过。"

"第二天晚上（2月12—13日），我突然从第一觉中醒来，这一觉似乎睡得很沉，中间做了一个梦；正当我回想这个梦的时候，突然插入了另外两个梦的内容，我一下子变得很迷惑，不知道它们是从哪里来的。这两个梦是从哪里来的？我问自己。它们离我很近，十分新鲜，就像我刚刚梦到的一样；但是，它们又与第一个梦很远。这三个梦的内容绝对没有联系，在其中一个梦中出现了伦敦东街区的场景，和伦敦的某个人相关。在另两个梦中出现的场景都是在美国。其中一个是在试穿一件外套（这是我从中醒来的那个梦），另一个是噩梦，与士兵相关。这三个梦的情感氛围很不一样，因而彼此间没有关系。然而，有那么一个瞬间，这三个梦相互嵌套在一起，似乎都是我本人的梦，但它们看上去不像是我在同一次睡眠中连续梦到的。那么，是其他什么时候？也不是前一天晚上。那究竟是什么时候梦到的？哪一个才是我从中醒来的那个梦？我再也分不清了。它们和我的距离一样近，但彼此完全相排斥，似乎我同时属于三个不同的梦境，它们彼此互不相关，和我在清醒状态下的生活也没有联系。我开始感觉到一种奇怪的困惑感和恐惧感，然后试图让自己变得更清醒，但我似乎已经很清醒了。很快我全身一阵冷战，难道我进入了别人的梦境？这是一种由心灵感应产生的经验？或者，它意味着双重（三重）人格的入侵？或是，它是由皮质动脉中的血栓引起的？谁知道它离一般性的精神错乱和定向障碍还有多远呢？"

"显然,我正在失去对'自我'的控制,遇到了之前从未遇到过的精神痛苦,就像一个人在树林里发现自己迷路之后的心头一沉和头晕目眩。人类大部分的麻烦都有一个终点,大部分的恐惧都有一个方向,人们对可能遇到的大多数恶魔的攻击,都可以借助某种原则、勇气、意志和尊严来与之对抗。但是在这种经验中,瓦解是从中心开始的,没有任何立足点,能够借以支撑的东西本身都在解体。与此同时,关于各种梦境的生动知觉(或记忆)交替向我涌来。它们是谁的?究竟是谁的?除非能够和它们联系起来,否则我就被冲进了无边无界的大海,没有任何依靠,完全失去方向。这个想法再次招来这样的'讨厌鬼',带着害怕再次发生的恐惧入睡,进入下一个循环。这种情况始于前一个晚上,但那一次的困惑感在第一步就消失了,只是让人觉得奇怪而已。这一次发展到了第二步,接下来也许还有第三步?这个想法让我忍不住牙齿发颤。"

"与此同时,我发现自己对正在出现智能减退和发生人格分裂的人有了一种新的理解和同情。我们平常只是觉得他们很奇怪。但漂浮于正常自我之外的他们,想要的是某种可以作为抓手的稳定性原则。我们应该向他们保证,我们会和他们站在一起,最终在他们身上识别出真正的自我。我们应该让他们知道,我们和他们是一起的,而不是(他们往往这么看)无关的世界组成部分,只会确认和讨论他们逐步走向溶解。"

"显然,当时我的反思能力完全在我的掌握之中,随时能够客观地思考自己所处的情境,因而我停止了焦虑。但是,此类梦境和回忆仍有复发的倾向,栩栩如生,再次带来困惑感,我害怕它变得更加严重。"

"当时我看了一下时间,午夜12点30分!这让我想起了另一个问题。在平时,我躺下之后睡得非常沉,从来不会在凌晨2点前醒来,从来没有像今晚这样从午夜的梦中醒来,也从来没有做过这样的梦。在我醒来的时候,我的睡眠似乎也很深。一个梦里带有其他梦的记忆——也许,两个替代性的梦(三个梦中总有两个)是在之前什么时候做的梦,和刚才的梦一同进入了刚刚醒来时的记忆?简单地说,也许是曾经的午夜之梦,以一种平常的生活习惯所不允许的方式,出现在我的意识经验之中?"

"这个想法让我得到了极大的解脱——现在,我感觉自己的理性灵魂已经完全恢复（Anima Rationalis）。我打开灯，准备看会儿书再睡。但实际上我特别困，开着灯，没有阅读，很快又睡着了。"

"天亮前我又醒过两三次，没有做梦；最后，带着一种奇怪的、类似于前一天早上的困惑感，在早上7点醒来。"

"第二天晚上没有发生什么奇怪的事情，似乎这件事就此打住了。"①

在这种经验中，心灵感受到的是混乱和痛苦，和神秘主义的启示刚好相反。还有一个不同的地方在于，我所感知到的对象非常清晰，不过，其中涉及的关系同样神秘（所有的不解都在于，这三个梦既属于又不属于同一个整体）。与神秘主义最相符的是，有一种实在得到了揭示的感觉。到今天，我仍然感觉这些梦与实在有关，只是不知道是谁、在什么时候和什么地方做了这些梦。

在1909年12月份出版的《公共辩论场》（*Open Court*）中，弗雷德里克·霍尔（Frederick Hall）先生讲述了一次由乙醚引发的神秘主义经验，与我的描述非常相似。当他的一位医生和另一位医生说话的时候，他笑了，因为他意识到他们"相信自己看到的真相和原因，但是他们没有看到，我看到了……我当时所在的地方就是原因所在的地方，不需要任何精神能力就可以看到它们，就像看出这种颜色是蓝色……（医生们）的知识是多么地贫乏啊，他们明显以为自己了解了一切，这一幕真是太有意思不过了……对于真相，（他们）就像小孩一样所知甚少，明明看见

---

① 我把剩下的笔记放在注释里：

"有几点认识也许会有帮助。"

"首先是一种正在心理医学领域得到支持的一般性观点，即梦境可能预示着某些精神疾病，因而研究梦境也许有助于相关精神疾病的诊断和治疗。"

"其次，我认为精神混乱、人格迷失、失用症（Apraxia）等经常预示着大脑皮质损伤或智能退化的症状，有可能是非常浅层次的功能性表现。我所经历的精神混乱是急性的，在我64年的生活经历中，这种意识状态是独一无二的。但它很快就消失了，恢复到了理性状态，没有留下任何影响。因此，我的情况似乎是，理性状态和失常状态之间的阈值暂时地降低了，类似的精神混乱有可能发生在我们每个人身上。"

"还有一种可能性，即我以心灵感应的方式进入了别人的梦境，感受到了双重人格。事实上，我现在还没弄清楚这三个梦是'谁'的，或者哪个'我'首先醒来，它们可以前后快速地相互切换，但彼此间不是连续性的，它们的非连续性是这种状态和关键所在。我对它们的感知栩栩如生，就像是我自己的经验，但它们又是相互嵌套的！"

"因此，通过在特定时刻醒来的方式，我们有可能发现过往梦境记忆中某些不一样的东西。"

的是一列飞驰的火车，他们却说是一辆马车。或者，想象一个人坐在小船上，周围浓雾弥漫，在迷雾中看见一块平坦的小石块从一个波峰跳到另一个波峰。假如他所看到的只有这些，那么他的解释必然非常原始；能够看穿迷雾的人则会看到，岸边有一个男孩正在用石头打水漂。类似地，在我看来，这两个医生所说的就像小石块最后的两次跳跃……在他们说出来之前，我已经知道了真相。因此，以可信的方式认识到没有被看到东西才是真正重要的东西，对我自己来说，真是受益匪浅。"

显然，乙醚极大地扩展了霍尔先生的边缘领域，他所感知到的主要是贯穿全体内容的因果整体性，极少定义其中的具体部分。这种感知会让人觉得它非常重要，具有至高无上的优先性。

在我的讨论中，神秘主义的经验被看作是对意识领地的揭示。那么，意识已经在那里，只是等待着被揭示吗？它真正揭示了实在吗？对于这些问题，我没做讨论。在经验主体那里，深信不疑的情感总是非常强烈，有时候甚至是绝对的。一般的心理学家往往"科学地"把此类现象看作是轻度的癫痫发作，假如没把它说成是"胡扯"或"废话"的话。但是，对于异常心理状态的理性价值，我们知道得太少了。在我看来，我们最好保持一种开放的心态，在未来很长的一段时间里，积累相关的事实。很可能，在这一代或下一代人那里，异常的意识状态仍然无法被理解。

一位伟大的法国哲学家在哈佛

多年来，海德讲师（Hyde Lectureship）以通俗讲座的形式为哈佛引进了一些非常好的实例教学课程（Object-Lesson）。此前，还没有一位哲学家参加讲座，今年我们请来了埃米尔·布特鲁教授（Prof. Emile Boutroux）。在我看来，这件事情特别值得纪念，因而请允许我首先做一个简短的说明。

和国外大学互换教授授课，这件事情还在探索阶段。大家可能听过很多相关的争论，有反对的，也有支持的。海德基金会（Hyde Foundation）要求所有的讲座都应该说法语，这一点向我们揭露的第一个事实是，我们理解法语口语的能力匮乏得令人震惊，即便是在剑桥这样的学习中心。

布特鲁教授今年的听众，应该主要是哲学专业的学生。但因为可悲的外语教育方式，今天来到这里的学生人数还不到 6 个。能够轻松跟上法语讲座的人不多，甚至我们的教师也是如此——懂德语的人更多一些——有些人因为事先有安排，有些人被布特鲁教授的讲座题目《偶然性和自由》(Contingence et Liberté) 吓住了，因此他们今天来的人数特别少，以至于来自波士顿及世界其他地方的听众占多数，包括不少被吸引过来的法国访客。我敢肯定，他们更多的是因为可以在异国他乡听到一场用母语的演讲才来的，而不是对这个题目感兴趣才来的，毕竟很少有机会体验到这种乐趣。

很明显，我们的教授交流机构需要自我反省。它本应是一种重要的刺激手段，让懒散的年轻人意识到自己的身边有一个更大的世界，获得更宽广的人文和社会视角，到目前为止，这个方面的目标没有达到。我们的年轻人可谓食古不化，在研究生院继续为他们的博士考核做准备，用福斯特·瓦格纳（Faust Wagner）的话来说："从一本书钻到另一本书""从一本刊物到另一本刊物。"完全没有意识到有一个机会从他们身边溜走了。

布特鲁教授是法国哲学领域的老资格，在所有的学术活动中有着非凡的影响力。几乎年轻一代的哲学家都是他的学生，几乎每次博士学位论文答辩都有他做评委；他参加各种会议，自蒂耶斯研究所（Thiers Institut）成立以来，一直担任该所的主任；他也是今年道德与政治科学协会（Academie des Sciences Morales et Politiques）的轮值主席，不久之后，他将在那儿欢迎罗斯福先生（Mr. Roosevelt）成为它的外籍合作伙伴。布特鲁教授的体型看起来有点像一名苦行者，典型的法国人脸型，很像军人的脸，但待人接物非常亲切和蔼，说话时思路特别清晰；最重要的是，他的演讲给人一种特别间接和真诚的感觉。

几乎和所有的法国人一样，布特鲁教授不会觉得"照本宣科"是一个褒义词。德国人和盎格鲁-撒克逊人在演讲时可以照本宣科，但法国人对公共演说的看法可不一样。他们认为演讲包含的信息不能像一本书那样详细，而应该仅限于描述视角、界定趋势、形成比对以及做出总结。最重要的是，它应该简明扼要，避免使用技术性的语言。不用说，要做到这一点，必须对演讲的主题了然于胸才行，只有真正的大师才能成为一名受欢迎的公众人物。布特鲁教授关于帕斯卡和孔德的演讲表明，他绝对称得上这个领域的大师。

他的课程"偶然性和自由"包括八场讲座。在我看来，这门课程的高度原创性体现在，它的影响超出了直接的听众圈子。布特鲁教授是一名反抽象运动的"法定领袖"（Leader de Jure），在哲学中支持具体的观点。在过去的几年里，这股运动几乎在所有的国家都蔚然成风。我所说的"法定领袖"，是指历史性的领袖或先驱；因为通常意义上的领袖，在英国和美国有咄咄逼人之意，在法国具有更加极端的革命意味。布特鲁教授首先是一位宽容的人，乐于倾听反对意见，心中没有敌人，也不与他人为敌，因而很多实用主义或柏格森主义的信徒可能还不知道，他早在1874年出版的处女作《自然法则的偶然性》（*La Contingence des Lois de La Nature*）中就已经开始发展他的观点。由于他不喜欢与人争论，厌恶拉帮结派，所以他没有得到应该享有的声誉。这部早期的著作非常清晰地体现出实用主义和柏格森主义的特征，此书所表达的世界观就是本课程的主要内容，只是方式更加成熟，论证得到了强化，但基本立场没有变化。这种世界观乍一看上去有点自相矛盾，但现在至少被认为有一定的可能，且有明显的迹象表明，它即将成为一项很有影响力的事业。

我只能简要地勾勒出它的本质，不按演讲者本人的顺序来，也不会深入任何的细节。要想了解某种东西的特征，最快的方式就是拿它和另一个已知事物做比较。和布特鲁教授看待世界的方式形成鲜明对比的是经院主义的方式。我所说的经院主义，不是指历史上的经院哲学，而是指通常作为贬义的经院主义，它既存在于哲学中，也存在于科学中。这种经院主义意味着，自负地认为我们对事物的定义包含着我们关于被定义对象的所有认识，有且仅有一个思想体系绝对地描述了关于实在的真相，且我们可以获得这种思想或其中的必要部分。假如"经院主义"这个词不能用，那我们就采用"古典主义"这个词。布特鲁教授对抗的"妖怪"就是古典主义的精神，他也许可以被看作是哲学领域中的"浪漫主义者"。

泰恩（H.Taine）曾把法国在大革命期间和拿破仑时代的不幸归咎于古典主义的精神原则，归咎于它的不懂变通和严格的逻辑应用。但是，从他对人与自然的一般性观点来看，泰恩本人很珍惜古典主义的理想。在他的时代，科学的意义不同于今天的研究者们对它的理解。泰恩、贝特洛（Berthelot）、勒南（Renan）以及第二帝国时期其他伟大的公共意见人物认为，科学绝对可以终结自然的神秘性，洞穿表象，把握赤裸裸的实在，揭示其内在的结构，且一定会建立一种新的道德来代替宗教。它的信徒将是未来的神父，我们这个星球的命运将传递到他们手中。约翰·费斯克（John Fiske）最喜欢的一个词"去拟人化"（Deanthropomorphization）

可以很好地说明这种思维方式。

被化学、物理学和数学的胜利冲昏了头脑，这些人以为事物的结构在本质上是机械的，只要把一切与人相关的东西抽离出来，就可以得到真相。据此，个人生活只是一种副产品，尽管我们在实践中不得不使用相关的范畴和概念，但后者不具有理论的合法性。但是在今天，质量、力、惯性、原子、能量本身被看作是一种象征性工具，就像坐标和曲线之类的，用来帮助我们简化地图，引导我们走出大自然的丛林。不过，这片作为一个整体的丛林就是被直接给予的实在，我们的个人生活及其他一切都沉浸在其中；尽管是一次一点给予我们的，但它的全部内容和性质却比那些概念替代品更加真实和具体。

这就是布特鲁教授讲座的中心主题。经院主义的传统认为，最高的实在是抽象的、至关紧要的、被简化和还原的永恒之物，它与自身相同一。布特鲁教授的立场与之针锋相对，认为实在是我们生活于其中的各种要素，是普鲁塔克（Plutarch）和莎士比亚的作品所给予我们的东西；实在具有无比的丰富性、多样性和创造性，且一直在成长之中。它的真实形态是生物学和历史，它的范畴不会以各种理由扼杀我们的世界，而是让它无限地繁衍生息。理性的传统用法意味着追寻或明或暗的同一性，在布特鲁教授这里则是指一般意义上的判断能力，它以各种情感、意愿以及概念作为前提条件，充满了力量，到处发挥它的作用。

布特鲁教授的主张在实践层面的要点在于，实在具有新奇性、基础性和真实性，而不仅仅是浅显易懂。在传统的理性主义者那里，基础性、新奇性就是事物"绝对随机性"（Absolute Chance）的代名词，无法被接受。于是，布特鲁教授的世界观就是一种"纯粹的非理性主义和情感主义"。但是，布特鲁教授首先是一个开明人士，不喜欢尖锐的对立。假如这种新奇性过于极端，让某些东西"撑破衣服"跳出来，把自己和其他存在物并列起来，就像游戏中那样，一张骨牌靠着另一张骨牌，那么这个世界将遍地是怪物，与古典哲学"不可被还原"的范畴和概念所构成的世界一样坏。因此，布特鲁教授更喜欢用"偶然性"这个词，而不是"随机性"。在他这里，偶然性意味着自发性（Spontaneity），后者是人类具体生活的重要特征——当下的意识蕴含着无数未来的可能性，足以导致其中任何一种可能性成为现实；被实现的可能性就被看作是意识的一种自然后果；哪种可能性将被实现，直到意识做出选择之后才能确定。于是，新的东西总是出现，但又不是全新的，没有彻头彻尾的一模一样，总是在变化中进行模仿。这种秩序不像逻辑秩序，后者意味着相同的东西只能出自相同的东西，数学科学可以把它计算出来——这种秩序在满足其他需求的同时，也能够满足知性的要求，其后果能够溢出并延续之前所发生的事情。

在这种意义上，科学实在如分子、能量及表达其规律的公式，在以前事实上类似于"克"和"米"这样的单位，或者一座岩石雕像，出自人类理性的创造活动。这些具体的创造物从其他各种可能性中脱颖而出，是灵动的心灵与环境选择性互动的产物，一旦被创造出来，就能够被理解；但是若不了解之前的条件，在局外人眼里它就成了唯一的可能性。各种理论皆源自心理学的变异，正如罗斯福和洛克菲勒源自生物学的变异。这两种变异既有部分的适应性，又有部分的不适应。它们改变了世界—情境，世界—情境也改变了他们。不过，由此产生的新情境始终是独一无二的，只有里面的当事人才能够真正理解它是如何以及为何得以形成的。

在这种视角下，似乎可以自然地认为非人类的环境同样享有某种内在的生活。换言之，尽管布特鲁教授没有走到这一步，但泛心论似乎构成了其理论体系的组成部分。

这些年来，布特鲁教授了不起的创造力体现在，他牢牢地抓住了基于个人经验来诠释自然全体的原则；我们的个人经验属于自然的一部分，且是我们最熟悉的一部分。这一图景的完善还需要无数的细节研究工作，要走的路还很长，但方向一旦确定下来，就不会被轻易遗忘。而且也不是没有可能，在不远的将来，我们会发现，此前放弃我们一直生活于其中的、丰富和多产的实在，追求由永恒不变的原则与关系组成的逻辑骨架，并将其视为更深层次的真理，这种选择是错误的。它在本质上是一种看待事物的外在视角，对于它们是如何发生的，我们一无所知。布特鲁教授坚定地号召与他同时代的人采取内在的视角，看到事物在事实上是如何发生的。

我的这番介绍，相较于他本人的思想，定然有所遗漏；但没有办法，我也来不及重写了。那些对当今世界的哲学状况有所了解的读者可以看出来，我在自己的阐述中做出了同样的呼唤，号召大家回到充实的具体经验当中。此外，皮尔士、约翰·杜威、席勒、霍夫丁、柏格森以及很多其他普通人也都与此相关，这是一种真正的经验主义、一种真正的进化论、一种真正的多元论。布特鲁教授是最早预言它到来的人，现在他还在继续自己的工作。它（充实的具体的经验）使我们与自然生活和谐相处，拒绝把关于人的哲学与生活世界割裂开来。

一位多元论的神秘主义者[①]

我的这篇文章不是为庸俗的神秘主义者写的,而是为那些辩证看待世界的神秘主义者写的。对于后者,更高层次的形而上学有着一种令人无法抗拒的诱惑,这种品位有些是天生的,有些是后天形成的。我一直认为,一位好的读者有责任分享自己的阅读乐趣,向其他读者推荐虽默默无闻但水平极高的作者。多年来,有一位大家不认识的作者,我从他的文学和哲学作品当中受益良多,他就是本杰明·保罗·布拉德。

布拉德先生居住在一个叫阿姆斯特丹(Amsterdam)的小城,就在纽约中央铁路附近,我估计那儿的文化气息并不怎么样。我不知道他的职业和生活来源是什么,但肯定没有让他发财。他只在有灵感的时候写作,一度崭露头角,但时间很短。此外,他还很害羞,仅仅以私人小册子的形式印刷自己的作品,或者以信件的形式刊登在阿姆斯特丹的《公报》(Gazette)和《记录》(Recorder)上,或者《尤蒂卡先驱报》(Utica Herald)和《奥尔巴尼时报》(Albany Times)上;这些出版机构几乎没有什么影响力。对如此优秀的作品来说,这些出版物很不匹配,不过却也说明那个堕落年代里的美国编辑倒是挺可靠!有一次,现已不在人世的哈里斯(W. T. Harris)听说了这些书信,他当时在《思辨哲学杂

[①] 本文写于1910年的初夏,于同年7月份发表在《希伯特学刊》(Hibbert Journal)上。

志》工作。结果，在他的坚持下，布拉德的一些书信得以重新修订，并且他写了一份评论［《哲学遐思》（*Philosophic Reveries*），1889年］。另外，《斯克莱布诺杂志》（*Scribner's Magazine*）的编辑重新刊登了他的两首诗歌［《尼罗河的狮子》（*The Lion of the Nile*），1888年；《复仇女神》（*Nemesis*），1899年］。除了这三次露脸，布拉德先生一直默默无闻。①

这位作者的处女作为《麻醉状态下的启示》，这是一本于1874年在阿姆斯特丹私人印刷的小册子。我不记得自己是怎么拿到这本书的，但它的"古怪"让我很着迷。现在看来，从那以后，它成了我展开自身思考的一块垫脚石。此书表达了布拉德哲学思想的本质，展现了他的天赋，尽管里面没有幽默和诗歌，但可谓妙语连珠，有时候平铺直叙，有时候用隐喻。它以辩证推理开篇，特别有费希纳和黑格尔的风格，但最后以晦涩难懂的神秘主义结尾，后者直接来自麻醉药所带来的洞察力，内容闻所未闻。毫无疑问，常规神秘主义在传统上是一元论，但这一特征是对神秘主义而言的，而不是对作家而言的，前者曾"到过那里"，亲眼见证过。我想，高高在上的一元论定然使某些持多元论立场的学生感到犹豫。我承认，它经常让我止步不前。我们无法批判神秘主义者看到的现象，要么无视它，要么承认它具有一定的重要性。在读到布拉德先生的作品前，这两种态度我都没法选。他的神秘主义在早期也许可以被看作是一元论，在后期发展出某种偏左的反抗倾向，最终形成一种明显的多元论。我承认，这种全新的神秘主义让我不再畏缩不前。如今，我感觉自己的多元论在一定程度上也得到了神秘主义的佐证和支持。莫里森（Morrison）再也不能说自己是唯一从神秘主义那里得到好处的人了。

给大家介绍布拉德先生，我在哲学（不同于文学）上的私心就在于，他的哲学思想尽管是一种神秘主义，但最终与我的哲学思想存在一致的地方。我必须对其加以提炼——在这个粗暴的过程中——并加以简化。他的表达不够连贯，是格言和神谕式的，而且在方式上有时候用辩证法，有时候像写诗，有时候走神秘主义路线。他有时候是一元论者，有时候

---

① "是的！保罗经常写信！"阿姆斯特丹的一位市民说道。多年前，刚下火车的我从他那里打听到布拉德先生的住所。我当时把他看作是一名作者，但他的邻居认为他不过是一名给上述杂志写信的人。

是多元论者，为了让他的文字变得通俗易懂，我不得不冒风险。万一他读到这篇文章，我可不希望听到他说我完全误解了他的意思，不管了，我要接着往前走。

一

我将分别展现他的不同方面，首先把他看作是一名纯粹的辩证法家。黑格尔主义的辩证法就像一个漩涡，把人们从平铺直叙的溪流中卷了进去。一旦进入漩涡，只能跟着转圈，什么都做不了。进去过的人都知道这种感觉，因而他们知道，思维永不回归自身是理性的组成部分，永远没有线性的思维方式，至少在哲学中是如此。尽管不同的人会用不同的话描述自己的"转圈"经验，这种经验本身倒是特别简单；只要是当事人，立马能看出真假。曾经进过漩涡的经历，使他们惺惺相惜，瞧不上所有简单、通俗的表达和理解。

在黑格尔那里，这个漩涡表现得最为生动。任何读过黑格尔哲学的人都能看出，布拉德先生和他是一伙的。布拉德写道："毋庸置疑，伟大的真理渗透了黑格尔。哲学之眼，假如没有直接长在他身上的话，也定然位于他所占据的位置。也许他不是最后一位哲学家，但即便没有黑格尔，其他所有的哲学家都可能变成黑格尔。"

布拉德先生的意思是，其他人会跳进同样的漩涡。非辩证的思维把事实看作是单一的被给予物，用其他事实解释一个事实。但假如我们思考所有事实，就会发现事实的任何性质都无法解释这个整体，"因为这种解释本身仍需要得到解释……在哲学的意义上，我们最开始对它作为自身的状态好奇，想知道它为何是其所是，表示什么。自然地，我们首先会假设虚空，然后琢磨虚无如何无中生有。"我们把它看作是一种积极的虚无（Positive Nihility），"一种把我们所有的球都弹回来的障碍物。"

基于这种观点，布拉德先生避开了先验论者的常见批判。不存在独立的、与存在相对立的东西，我们从不这样看待存在——不同于存在之具体形式的纯粹存在——认为它轻松地倚靠在这种假想的背景之上。存在没有外在的轮廓，它的外形是非存在赋予的，存在和非存在不可分。

"它们相互限制和定义对方，不会出现在同一位置，因为在这里（内容也算有，但只有存在自身），位置即全部，内容是空的。由此产生了一个悖论，'存在绝不比非存在更加真实'。"

"一般而言，"布拉德先生继续写道，"我们所有的肯定都利用了否定。假如没有否定，事情就简单多了。我们不会感到惊讶，不需要聪明才智和劳心费力，没有任何东西需要解释。想象一下，关于所有直接被给予的实在，知识就像把实在直接照亮的物理光线，没有光明与黑暗的区分；没有了光，我们将看不见东西；但不要忘了，若没有了黑暗，后果同样是灾难性的。教师丢了粉笔，没法向学生演示，但没有黑板，同样无法上课。若无黑暗，光也将失去作用——普遍的光明和普遍的黑暗同样令人盲目。普遍的'是'和普遍的'非'是不可分的。那么，为什么设想一种主动和直接的肯定性呢？模具和模型的轮廓不是一样的吗？这是因为，从黑暗中点亮光明，从无中生有，都没有体现原初的创造性；这种创造性体现在光明和黑暗的对立和演化中，在这一幅奇妙的图景中，黑白线条具有同等的重要性——从中演绎出生与死，演绎出有意识的精神……"

"我们习惯于认为生命可贵，死亡廉价［尽管蒂索诺斯（Tithonus）不这么看］；或者就像看待一幅画，认为画很珍贵，画纸是廉价的。但是，创作者的看法是不一样的，他所有的工作都体现在白色的背景中，正是那些没有被画笔触碰的白色区域显示出了图案。既然存在和非存在对图案的显示都是必要的，那么谁也不比谁更优先。事实上，我们可以想象存在某种智能生物，它们不像我们这般简单地把事物看作是实在；它们的关注点是事物的背景，事物在这个背景中，就像一块布上有很多的洞。类似地，你觉得自己的画很好看，造纸的人还觉得你弄脏了纸！"

如此，"对存在的否定，对存在的生成似乎是必需的。"但假如有人诉诸具体形式的存在来驳斥这种看似矛盾的观点，布拉德先生承认："一幅画和想要这幅画，完全是两码事，两者之间的区别就像这幅画的材料和价值之间的区别；但作为一种被思维的对象，某种被肯定或否定的东西，它的在场和不在场没有区别。若它不在场，我们不会觉得少了任何东西。确实，它的不在场和其他的不在场怎么会不一样呢？塞子和洞的形状是一样的。在我们的思维中，这幅'画'跑不了。这种否定是具体的和描述性的，它所破坏和保存的都在我们的观念之中。"

结果是，无论从一般还是具体的角度来看待，所有的是或不是，都不是由区分（Distinction）或对立（Opposition）导致的。"就像生命的过程，这种难以捉摸的二重性贯穿始终。让我们假设，诸神、人类、天使们、魔鬼们统统位于当下的瞬间，宇宙中唯一真实的时间就是现在。那么，这个瞬间的当下究竟是什么？无论如何，它是一个'来'（Becoming）和'去'（Departing）的过程；在什么东西之间'来'和'去'？不过是分开（Division）和差异（Difference）；'当下'没有宽度，因为假如它有的话，我们所寻找的东西就会停在中间。'当下'没有可供停靠的静止平台，在'来''去'的过程中没有任何剩余物，只有差异这个幽灵，它就是世界的全部。"

我引用布拉德的观点没有特定的顺序，从上面任何一个段落都能进入"圆圈"，专业的读者一眼就能看到里面真正的辩证循环。还有一些段落体现了布拉德先生彻底的观念论，仍然带有黑格尔主义的风格，比如下面几段：

"假定去认识就是去分辨，区分与差异相关；假如一个人认识一种差异，就是把它作为某个已知实体所提供的差异来认识，他一定是分开来认识实体和差异的。认识到这些，他应该能够回答一个孪生问题，即相同和差异的区别是什么？之所以说它是一个孪生问题，是因为这两个概念在命题中地位相同，你中有我，我中有你……"

"相同包含'世界上的所有差异'；差异是作为差异的实体。它们既相似又不同，因为在观察者将其中一个与另一个对比的时候，彼此又变成了对方；因而相同和差异是'主观的'，属于观察者的属性。相同和差异本无边界，观察者给它们设定了边界……"

"于是我们得知，'区分'涉及和承载着自身的同一性；终极性的区分——最终分析中的区分——就是自我区分，'自我认知'，正如我们每天有意识去做的那样。知识包含自我指涉：去认识就是认识到自己认识，认识到自己被认识。"

"'噢！但是同时如此吗？'逻辑学家会问。一种主体—客体把自身当作一个无缝的整体加以认识，但它的两个部分体现出了一种真正的区分，这种区分传递着所有的理解。"

但是，整个的观念论都在证明，这两个方面无法在时间中前后相继。"说你知道，你知道自己知道，没有增加任何内容。就像说你在撒谎，你知道自己在撒谎，没有增加任何内容。"因为假如你知道自己没有在撒谎，你的谎言也就不再是一个谎言。

哲学寻求对全体的理解，"但理解的能力涉及思维将自身作为其对象的能力。事实上，全体本身有可以被无知的理智当作一个直接的主题，即仅仅作为一个对象来理解，但这是不可能的，因为理智本身仍处于全体之中。从定义上看，'宇宙'必然包含所有的对立。假如不存在区分，还有什么可以剩下？作为一个整体，它还能改变什么？没有区分，怎么会有差异呢？任何改变，不论有多大，都不过是赋予旧事物一个新身份。不能说'改变'抹杀了区分。不存在任何可能的臆测，有也只是主观性的产物。若臆测涉及一般性的区分，那么主观性就会以'对自身的区分'来填补空白。最终的、不可逆转的区分就是自我区分、自我意识……思维一定是关于我们的经验的思维；终极的对立，即'存在'和'不存在'的对立，是人为的，是一种精神性的认识，认识自己身处这种浩瀚无边的关系网中。"

"到这里，2 500年的思维劳动凝结成了一句话：'宇宙当中不存在对立。'"

"不可避免的普遍性。"简言之，与现实中的普遍性完全一致。

这幅图景是康德观念论在19世纪的发展。在我看来，这种一元论听起来特别有吸引力，如同一首填词巧妙的概念之曲在一遍一遍地循环播放，就像在夏日慵懒的午后听着风吹过松叶的沙沙声和夏虫的鸣唱，很少想起对它展开批判。

但布拉德先生继续充满活力地写道："没有什么能超越理性，这一点始终为真。理性就是它自身的原因，理性不是由其他东西变来的，它是一种完满的智能。在这种完满的智能中，一切事物始终是合乎理性的。说在理性中有些东西从来没有预见过，就是对理性的忽视。一切可以被设想的事物，成为其自身的自由皆来自它的源头；'自由'本身没有创造力或生成能力，不是任何事物的原因，只是提供了它们走向自身的空间……"

"这种唯心主义极大地保全了人的尊严，使其有所寄托……不存在盲目的命运……当我们在当下的直接性中受挫时，感受到了巨大的压力，唯心主义给了我们巨大的安慰。异己的主动性是如此之广大，令人窒息，只有当整个的消极性与之相遇，才会缓解我们的压力。一种巨大的力量，只有在遭遇另一种巨大的反对力量时，才不会有严重的后果产生。就像行星的运动和平衡是如此精巧，短暂的日食都可能带来暴风雨，甚至影响地球内在的构造；气球在打开排气口之后，可以带起重达1 000磅（约为454千克）的重物脱离地面100英尺（约为30米）；它可以在飓风中毫发无损，因为与飓风已融为一体。我们应该意识到，一点点的纯粹的创造性就可以超越愚钝的客观性，把广阔无边的物质玩弄于股掌之间。"

但是，这种创造性属于谁？对于这个问题，我认为布拉德的答案和传统的理性主义者完全一致。每个事实都必然有一个原因，有这么多的事实，就有这么多的原因；理性始终构成事实的背景和对事实的否定。"只有在出现更好的感觉时，人才会感觉良好……快乐永远与痛苦成对出现。例如，'口渴'和'喝水'，喝水带来的快乐恰恰是口渴时的痛苦，二者完全吻合，否则病人会喝过多的水。"如此，真相的两个组成部分似乎取得了平衡，"存在和非存在具有同等的价值，付出了同等的代价，且可以相互兑换。"

听起来这是一种极端的一元论，一元论也是布拉德在麻醉状态下给出的第一种解读，里面写道"因此每个个体都是全体，在上帝那里……不变的是'一'，变的是'多'；我们当中的每个人都是不变的那个'一'。"

二

在我看来，所有读到这篇文章的超验主义观念论者，应该都能够感受到前述引文中所包含的深刻的辩证法精神，向布拉德先生伸出友谊之手。假如他后来发现布拉德先生站在了敌人的那一方，可不要觉得他只是一时糊涂，他是一个真正的叛变者。布拉德先生可不是一个分不清好坏的人。

布拉德先生的确"弃明投暗"了，就像某些人所说的。让我们看看他的这些非理性主义的呓语：

"'理性'既不是这个世界的第一个单词，也不是最后一个单词；理性就像一个等式，进出平衡。但大自然比理性所表达的要更多，它是永恒的，没有任何损耗。"

"难道天堂是如此之贫瘠，需要'公平'丈量天空的边界？"

"难道天堂是如此之贫瘠，每次赐福都需要祈福者付出代价？"

"所有的付出都将得到回报？所有的获得都是曾经的付出？"

"回到理性，你最终到达的是事实，而不是某种额外被给予的东西，某种让你感到惊奇的东西，就像自己的意志。一切试图将原创性理性化和逻辑化的把戏，如自我关系、绝对过程、主观性矛盾等，都将在神秘主义的气息前枯萎；在永恒的现实面前，它们统统都要让路。"

"一元论者的'一'、中心化的整体性、终极目的或世界的临界点，统统都要回避。思维不再发展成一个中心化的整体和'一'，而是无数的'多'，按照我们的意愿调整它自身。"

"多元论者使哲学陷入僵局——大自然是偶然的，超出了理性的罗网，在本质上是神秘的。"

这些话与之前的表达相矛盾，它意味着布拉德走向了自己的对立面吗？或者，只是一种辩证法的循环，就像一张旋转的圆盘，没有上下之分，只是在原地转动？假如是后一种情况，那我还真没看出来，也许更高明的人可以调和布拉德的一元论和多元论。就算我没有本事吧，从这里开始，我把布拉德视为一名多元论的神秘主义者，正如接下来我所描述的。在前面的解读中，把他解读为一名超验主义的观念论者时，我不得不把不同的句子放在一起，颠倒它们的顺序，甚至改变一些单词。把他视为一名多元论者，这样解读工作要更容易一些，我犯错的可能性也没那么大。

我前面说他的语言非常高明，提到过他的诗歌。在介绍其神秘主义文本之前，我给大家展示一下他的诗歌《尼罗河的狮子》中的部分句子,以便让大家放松一下(这么多辩证思维,无疑让人感到很累)。这首诗寓言了各种表现形式的"世界的第一精神"(Champion Spirit of the World)。

"在沙漠中降生,在沙漠中成长,
鲜血是它唯一的乳汁,
由无数其他生命转化而来的生命;
我成长为万兽之王,
在我的咆哮面前,
飓风如羽毛般飘散开来;
我拎起赫坎尼亚的老虎(Hyrcan tiger),把它撕成碎片,
大地就是我的巢穴,
獠牙随时准备把猎物撕碎;
我在红色的沙漠上过夜,无所畏惧,
我漫不经心地徘徊在丛林深处,百兽蛰伏,
在朦胧的星光下,我向宇宙敞开心扉,
长夜漫漫,我的咆哮响彻原野,
向生与死发起挑战……"

这些句子不到全诗的四分之一,剩下的写得一样好。我想问,有谁的英语能力能够超过布拉德?

他的神秘主义语句有着类似的力量,比如下面几段:

"存在一个不变的和可靠的条件,可以重现麻醉状态下的记忆,在这种记忆中,真实存在被揭示……没有任何语言可以描述这种感受,就像最原始的,亚当对生命的那种惊奇感。"

"每次重复的经验都是一样的,就像它是唯一的情况。受试者只是部分地恢复正常意识,断断续续地记起它的发生情况,试着说出它的意思,说自己获悉了最古老的真相,到达了人类理论所能到达的源头,洞悉了这个种族的意义或命运,进入了'精神事物'的领地……"

"相较于我们构建的形式思维,这种经验可谓平淡无味,这一点让受试者很是震惊,生活之谜在最后竟然不过是寻常之物,除了形式的差别,雄壮之物和荒诞之物具有相同的身份。尤其是在看到身边通常被遗

漏的细微事物时，震惊感会被进一步放大，就像一个人突然发现自己是戴着眼镜找眼镜。当我第一次体验到这种经验时，可谓百感交集；但是在变得冷静和坚定之后，我对它不再感到陌生，很难激起心中的波澜，倒是觉得它很神圣，能够体验到它让我感到很得意。对期待过高的人来说，这种神秘主义的经验可能会让他们感到失望和悲伤，似乎宇宙的秘密不应该如此普通，人类所有的诗歌和情感应该都无法与它的声望和严肃性相匹配才对。不过，对于为世俗事物的不稳定性感到悲伤的人，可以在里面找到一种真诚而古老的平静感；对于那些果决而傲慢的心灵，会看到一种至高无上和不可言说的东西。只有亲身进入这种状态（每天都有成百上千的人这么做），这种经验才能被教会，从而洞悉生活的秘密……"

"自从我知道它以后，它就成了我的营养品。在我的首次描述中，我说：'世界不再是被教导给我的，让我感到恐惧的异己之物。再也受不了被玷污的世俗之地，也等不及耶和华的启示拯救，我的灰鸥张开翅膀，无所畏惧地飞向昏暗的夜空。'现在，经过27年的体验之后，翅膀也许变得更加苍白，但目光依然无所畏惧。我知道且一直知道存在的意义和宇宙的理智中心，同时它也是一个奇迹和灵魂的保证。"

下面再回到布拉德的哲学思想，前面我说布拉德后来成了一名非理性主义者。理性主义认为，每个事实后面都有一个理由。布拉德以唯名论的形式讽刺这一要求，他说："光有货物不够，还必须得开发票。开发票就得有个名字，能够被读出来。这让我想到了光着身子感到虚弱，穿上衣服则变得强壮的人。"这个比喻不错，讥讽了理性主义者用各种概念解释事物的习惯。

"所有的哲学都在寻找原因或理由，"他说，"多元论涵盖既定的事实，任何情况都被看作是合理的。有人提问题和找不到答案一样，都意味着可能出现了问题。我们不会对精巧的设置感到惊奇，因为我们自身就是这样一种设置。但是，'原因'越过了（事实的）边缘，一只脚踏进了非实在，寄希望于理性为它提供一个立足之地，这是一条很艰难的道路。多元论也相信有真相和理由，但仅仅以神秘主义的方式出现，在活生生的经验之中寻找。一个人自胸部以上，直至舌头和大脑，有着一种自由而坚定的决心。尽管身处特定的环境，并受自身性质的限制，但当他高呼'我愿意'时，这就是一种原创性，是纯粹的原因或理由。只有这种原因或理由能够为他解释世界。为什么要引入一个比自己还要大的理由呢？……不要退缩，让人成为地球的轴心，一切都将向他卑躬屈膝。"

这似乎是布拉德对其一元论陈述的神秘主义的回应，即自由没有生育能力，不是任何具体事物的原因。布拉德先生在信中跟我说道，"哲学代表着过去，长期以来，试图把我们只能通过实践或直接经验认识到的东西逻辑化。赫拉克利特坚持认为理性与非理性或偶然性相等，存在与非存在相等，这一点给我的印象越来越深刻。它把世界的终极秘密放在了逻辑之外，使神秘主义超越了哲学。神秘主义是最终的圣歌，假如你务实地运用理性，否认它的绝对性，确保这一点，你就不会犯错。与此同时，事实仍然没有变，最终的秘密也是如此。"

按照我的理解，这里的"事实"保留了最原本的意义。任何一种事实都是片面的，同时存在未涉及其中的其他事实。"呈现在当下的事实具有最高的连续性。"换句话说，不存在无所不包的事实，不存在可以生成一切的事实。布拉德写道："进程？通往什么的进程？时间表现出一脸的疲倦和惆怅，他没有穿越永恒吗？或者，只能通过另外的东西揭开秘密？我们梦想到达一个完美的顶点，获得最终的胜利，但不存在这样的顶点，不可能存在一个永恒的目的。它只是边走边表现它的目的，甚至完全没有目的……的确，我们处于某种进程中，但我们曾经也经历过繁荣。尼尼微城、提尔城（Tyre）、罗马、西班牙以及威尼斯都有各自的黄金时代。我们确实在走，但这是一个步伐的问题……"

布拉德在别的地方又写道："多样性，而不是统一性，更可能是理解进程的关键。存在的巧妙之处在于新奇怪诞而非普遍一致。我们的阶层显示出被遗忘的历史遗骨。不存在永恒的目的，所有东西都在转变之中，最高的结果只要表现为最终的结果，一小时之内就会变得陈旧，它无法承受这种转变。"

当然，从理智的视角来看，这种思维方式属于怀疑主义。"偶然性禁止历史朝必然性的方向发展，结论很荒谬。在黑格尔那里，没有任何东西可以阻止这个星球走向解体。"显然，通过麻醉启示获得的神秘"安全感"和"完满性",和理性主义所带来的感受很不一样,它显得更加主动、骄傲,更具英雄主义色彩。在麻醉状态下,布拉德对理性主义的感觉"就像克莱夫(Clive)对毫无荣誉感的东方人的感觉"。我在前面引述过他的诗歌《复仇女神》——"难道天堂是如此之贫瘠,需要'公平'丈量天空的边界?"在后面的诗句中,布拉德继续描述了"补偿"女神或理性的平衡:

"汝如何平息使一切事物变得坚强的勇气?
如何补偿不求回报的无边挚爱?
如何激发超越欲望、忠于自我的荣誉感?
它将使强者为弱者而死,
让烈士在火中吟唱?
为何我在树荫下垂头丧气,
在圣殿里摇头叹息?
为什么在庇护之下感到窒息?
在哪里,我可以穿过高高的森林,
对着狂暴的北风歌唱,
和毛发粗糙的狼群一同咆哮?
……
那么你的牧师的辩驳怎么样?
命运、组织和法律怎么样?
存在、本质和平衡怎么样?
推力杆和拉力杆怎么样?
有些在做出补偿,
有些仍然在索取!
但达成理性的法庭,
是最高贵的意志!"

布拉德先生应该设法改写最后两行了,但两种不同安全感的区别,他的和理性主义者的,已经表现得足够清楚了。理性主义者寻找安全的条件,而布拉德先生的启示使他可以接受任何条件下的生活。在这一点上,类似于尼采对命运的爱!他在给我的信中写道:"简单地说,我们不知道；但当我们说自己不知道的时候，不是因为脆弱和谦虚，而是充满自信，带着满足感去说的……知识是第二位的，也必须是第二位的，只是见证者而非当事人。因此，我选择了神秘主义！"

他在别处写道："理性只是神秘主义的一个要素，在最骄傲的意识后面，理性和奇迹彼此冲突，争得面红耳赤。如果在这场早于人类及其喃喃自语的伟大争论中，路西法（Lucifer）连放手一搏的机会都没有，传说只会沦为一场滑稽戏……"

"它被给予了著述者及其他人，为了后者，著述者会说——我们应该庆幸，绅士们习惯于相信彼此——最高的思维不是一个牛奶与水之间的方程式，有多少理性，就有多少收获——'这不是课堂上的数学计算'。我们意识到了最神圣的思维本身，里面蕴含着诸多的奇迹和确定性，在某种意义上具有必然性、唯一性和安全性，在另一种意义上却如仙人掌般怪诞反常；它非语言所能表达，只能呈现在经验中。"

"初次看到它的新手，可能会觉得伤心失望，似乎宇宙的奥义不应如此低级，但经验会向他证明这种想法是错误的。确定性是绝望的基础，怀疑和希望是一对孪生姐妹。宇宙如鹰的翅膀一般不可捉摸，这可不是一种不幸。大自然本身就是奇迹，它不知道任何规律；同一性不会带来任何回报，主动作为就会带来差异。雕刻师缓慢转动的车床镂下了细如发丝的材料，但整条曲线上遍布差异，永非瞬间之真——永不完全为真。"

"永不充分！"——这句话似乎扑灭了理性主义哲学最后的希望，符合多元论的气质。不存在完整的普遍化，不存在整体性的视角，不存在无所不包的统一性，拒绝被言说、被形式化和被理论化的因素无处不在，实在中某些精巧的因素逃离了逻辑的魔爪，它们说"松手"，主张自己的隐私权，要求自己过自己的生活。在任何时刻的直接经验中都有着绝对的原创性。"我们是首次闯入这一片沉默之海的人。"哲学必须离开语词走向生活本身，理性声称要演绎出整个实在，认为解决所谓的"不可解"和"神秘"是它的职责；布拉德的启示排除了它的解决方案，"神秘"依然存在；把握它的能力，相较于逻辑能力，更加与我们的活动、英雄主义和意愿相关。在布拉德看来，这就是麻醉剂带来的洞见。最后，让我借用他的话以理性哲学的名义说："不存在既定的结论。关于它，有什么东西可以概括出我们可能得出的结论呢？没有什么好说的，没有什么建议可给的——再见！"

译名对照表

Absolute Chance 绝对随机性
Absolute Physics 绝对物理学
Absolute 绝对
Accumulate 累积
Act of relating thought 关系性的思维行为
Actuality 现实性
All in All 多中之多
Alogical 非逻辑的
Antinomies 二律背反
Apperceptions Organ 统觉器官
Archetypal Zoology 原型动物学
Aseity 自存性
Associability Of Relations 联系的可关联性
Association 联合
Associationists 联合论者
Atomistic Hylozoism 原子主义的物活论
Becoming 来
Being 存在
Category 范畴
Change of Feeling 感觉的变化
Class-Character 类属性
Class-Essence 类本质
Clearness 明晰性

Cogitandum 所思对象

Cogitatum 思维

Coherent 连贯性

Colligation 捆绑

Composite Objects 复合对象

Conception 概念

Configuration 构造

Constitutive Law 构成性法则

Continuities 连续性

Correspondence 适应

Corridor-Theory 走廊理论

Critical Monist 批判的一元论者

De-anthropomorphization 去拟人化

Definite 确定的

Definiteness 确定性

Departing 去

Difference 差异

Discriminative Knowing Together 差别性的整体认识

Dissolution 解体

Distinction 区分

Division 分开

Emptiness 空洞性

Endosmosis 内渗

Equilibration 平衡

Ether 以太

Event 事件

Ever Not Quite 永不充分

Feeling of Change 对变化的感觉

Fideism 唯信仰论

Forces of Push-and-Pull 推拉性力量

Forces of Release 释放性力量

Fulness 充实性

Ideal Content as Predicate 作为谓词的观念内容

Idealistic Monism 观念一元论

Identification 识别

Indiscriminate Knowing Together 无差别的整体性认识

Infinitesimal Event 无限小事件

Insulation 隔离性

Integration 整合

Intelligent Intelligence 有智慧的智能

Intentional Inexistence 意向的内存在

Interest 兴趣

Juxtaposition 并列

Kantism 康德主义

Knowing Them Conceptually or Representatively 概念或表征性的认识

Knowing Them Immediately or Intuitively 直接或直觉性的认识

Knowing Things Together 把事物作为一个整体来认识

Laissez Faire 放任自由

Leader de Jure 法定领袖

Manyness-In-Oneness 一中之多

Mental Force 精神力量

Metempirical Entities 先验性的实在

Mind-Dust Theory 心尘理论

Modernized Hylozoism 现代物活论

Motor Discharge 动力势态

Much-at-Once 丰富的当下

Multum in Parvo 小中寓大

Naturalism 自然主义

Nominalism 唯名论

Nonentity 非实在

Non-Phenomenal Entities 非现象性的实在

One in All 多中之一

Oneness 一体性

Opposition 对立

Order-Characters 顺序属性

Organic Unity 有机统一体

Otherness 异质性

Passing Moment 流逝的时刻

Persistence of Force 力的持存性

Phenomenist 现象主义者

Positive Nihility 积极的虚无

Positivism 实证主义

Potentiality 潜在性

Practical Consequences 实际后效

Presence in Absence 不存在的表征

Present Moment 当下

Procession 序列

Proximate 接近

Qualitative categories 性质范畴

Reality 实在

Reconstructed 重构

Reductive 还原

Regulative Law 规范性法则

Reminiscence 回忆

Representable 可表征性

Resemblance 相似性

Retrospective Consciousness 回溯性的意识

Segregation 隔离

Selbsterhaltungen 自我保存

Self-Transcendence 自我超越

Sensation Content as Subject 作为主词的感觉内容
Simple Qualities 简单性质
Simplicity 简单性
Situation 情境
Social Force 社会性力量
Spiritualist 唯灵论者
Spiritualistic 唯灵论的
Spontaneity 自发性
Spontaneous Variations 自发性的变异
Subjective Spontaneity 主观的自发性
Substance 实体
Suprarelational 超越一切关系
Susceptibility 可感受性
The Absolute 绝对
The Instability of the Homogeneous 同质性的不稳定性
The Multiplication of Effects 效用倍增
The Unknowable 不可知物
Theosophy 神智学
Thinghood 物性
Threshold 阈值
Transconceptual 超越概念
Transconceptualist 超概念主义者
Type-Phenomenon 类现象
Use-Inheritance 使用遗传
Utilitarianism 功利主义
Verknüp 链接
Vital Force 生命力
Voluntarism 唯意志论